湛庐CHEERS

与最聪明的人共同进化

HERE COMES EVERYBODY

查理·芒格的投资思想

The Tao of Charlie Munger

[美] 戴维·克拉克 著
David Clark
巴曙松 陈剑 译

中国财经出版传媒集团
中国财政经济出版社

测一测

你了解查理·芒格的投资思想吗?

扫码激活这本书
获取你的专属福利

- 投资银行，芒格和巴菲特更看重：（ ）

  A. 银行的财务报表

  B. 银行管理层的品质和诚信

- 芒格认为，在投资时随大流只会让你更靠近（ ）

  A. 最高点

  B. 最低点

  C. 平均值

  D. 以上均不对

扫码获取全部测试题及答案，
一起了解查理·芒格的
投资思想

- 喜剧演员伍迪·艾伦曾经说：“股票经纪人是一个用别人的钱进行投资，直到别人的钱都被赔光的人。”对这句话，芒格的理解更可能是：（ ）

  A. 人是不值得信赖的

  B. 股市是一场骗局

  C. 任何有很高佣金的地方，都非常可能出现欺骗行为

  D. 股票经纪人的道德败坏

扫描左侧二维码查看本书更多测试题

各方赞誉

邱国鹭 高毅资产董事长

在许多领域，芒格都是有大智慧的人。他的智慧不仅体现在对投资一针见血的深刻洞察力，更体现在他对社会不同领域发展规律入木三分的本质认识。这种跨学科的知识体系和跨周期的深度思考能力，也正是他和巴菲特取得长期投资成就的重要原因。

杨天南 北京金石致远投资管理有限公司 CEO

这本书的英文原名如果直译为中文，应该是“查理·芒格之道”。它不但可以使读者获得条分缕析的芒格处世智慧、投资理念，还可以用作英语学习资料，因为书中保留了芒格金句的英文原貌。

所以，无论是牛市多赚钱，还是熊市多读书，这本书可以兼得。

董力瀚 投中网总编辑

让我们假设市场是不息的河，底层流动着具体且世俗的实体，比如欲望、数字；而顶层则有映照太阳的粼粼波光，比如哲学、思想。芒格是气象学家和律师出身，他不提供架空的商业哲学，他的思想与个体生命相关，是森严的资本土壤上偶然长出的个人主义，是一笔践行而来的公共财富。

徐　瑾 英国《金融时报》(FT)中文网财经版主编、微信公众号“徐瑾经济人”主理人

芒格是价值投资的布道者，做的比说的多，做对的事情比做错的多，活得又足够久，这些都成就了其传奇。价值投资易学难通，要害就在于投资本身是实践活动。据说巴菲特认为芒格让他从猩猩进化到人类，了解巴菲特，不得不读芒格。芒格的智慧，不仅关乎投资，也关乎人生，关乎自我精进。

谢长艳 《证券市场红周刊》编辑部总监

对于读者来说，若想更好地理解芒格的投资精髓与人生哲学，甚至从境界上更为接近芒格，“品读芒格”或许是一种最为直接有效的方式。翻开芒格箴言录，我们便会发现，这位当今世界最伟大的

投资思想家所拥有的天才智慧，在字里行间的每一个角落静静地流淌着。

张居营　雪球论坛大V“闲来一坐s话投资”

查理·芒格不仅是多学科格栅思维模型的倡导者，更是身体力行者，因此他对投资的洞见，哪怕只有寥寥数语，也常常闪烁着智慧的光芒。我很欣喜地看到《查理·芒格的投资思想》这本书，它恰恰是荟萃芒格思想精华的一本书，并且以“名言警句”的形式铺陈开来。借助这种安排，投资者不仅更容易吸收芒格的思想，甚至可以将其作为一本思想工具书时时翻阅，不断体悟。

查理·芒格思想的力量

在美国投资编年史中，查理·芒格是一位众所周知的神秘人物，关于他的传闻总是充满了矛盾。巴菲特曾说："芒格设计了今天的伯克希尔·哈撒韦，这是他最重要的成就。他给我的蓝图很简单，即'用划算的价格投资一家优秀企业，比以便宜的价格买入一家普通企业的结果要好得多……'就这样，伯克希尔·哈撒韦按照芒格的蓝图建立起来了。我的角色是总承包商，而伯克希尔·哈撒韦下属公司的首席执行官则是分包商。"

芒格作为科班出身的气象学家和律师，从未在大学接触过经济学、市场营销学、金融学和会计学，那么他又是如何成为最伟大的商业天才的呢？奥秘就在本书中。

杂货店里的商业世界

1924年1月1日，芒格出生于内布拉斯加州的奥马哈市。当时的美国正处于波澜壮阔的发展浪潮之中，无线电和飞机被视为尖端技术，而投资大师伯纳德·巴鲁克（Bernard Baruch）则是华尔街之王。当时的每个人都靠投资股市发家致富。芒格的父亲是奥马哈有名的商业咨询顾问，其客户中不乏商界精英。少年芒格阅读了大量的书籍，在没有电视和电子游戏的时代，通过阅读，他发现了一个更广阔的世界。当时，他住在充满田园气息的邓迪地区（Dundee），巴菲特家族也住在这个地区。尽管这两个男孩年龄相差7岁，但他们就读于同一所小学和中学。事实上，芒格曾在巴菲特祖父所经营的杂货店内打过工。那家店就位于邓迪核心区的巴菲特家附近。

在巴菲特家族的杂货店，芒格接触到了商业世界。他学会了如何盘货、整理货架、取悦客户，认识到准时上班的重要性，培养了与他人的合作意识。当然，他最拿手的还是操作收银机，那里“流淌”着被视为生意命脉的金钱。20世纪

30年代，奥马哈生活着来自世界各地的移民：意大利人、希腊人、非洲裔美国人、爱尔兰人、法国人、捷克人、俄国人、中国人。许多移民为联合太平洋铁路公司和当地的肉类加工厂工作。芒格和这些移民家庭的孩子一起就读于公立学校，他不仅欣赏他们的文化，也欣赏他们的商业才能。为了让孩子过上更好的生活，这些移民家庭愿意付出让人难以置信的努力。

奥马哈的生意经

在伯克希尔·哈撒韦公司的年会上，芒格经常谈到大萧条时期的恐怖，以此提醒股东，事情到底会糟糕到什么程度。然而，在大萧条时期，奥马哈的受波及程度其实远逊于美国其他地区。奥马哈既是联合太平洋铁路和伯灵顿铁路这两大铁路的交会点，又是世界第二大的联邦畜牧围场的所在地。这种区位优势非常适宜发展牲畜业和运输业，于是许多大型肉制品公司汇聚于此，并在南奥马哈建立了加工厂。尽管美国正处于大萧条时期，但是人们总还是要吃饭的。当时，每天有多达2万头猪、羊和牛被运抵奥马哈，这些动物经过屠宰、切割、包装后，再运往美国的其他地区。即使在经济困难时期，牲畜饲养场也创造着大量的工作岗位。

创办于奥马哈的基威特建筑公司是当今北美地区最大的建筑公司之一。该公司的第一项重大任务是为联邦畜牧围场建造牲畜交易所大厦。彼得·基威特（Peter Kiewit）对芒格和巴菲特都产生过很大的影响，伯克希尔·哈撒韦的总部如今仍设在基威特广场。芒格从自己的父亲那里了解到奥马哈一些最知名的商人是如何做生意的，他的父亲是希区柯克（Hitchcock）和孔茨（Kountze）两大家族的代表。希区柯克家族拥有奥马哈主要报纸的发行权，而孔茨家族则拥有该市最大的银行。

扑克中的投资策略

高中毕业后，17 岁的芒格进入密歇根大学学习数学。在“珍珠港事件”一年后，19 岁的芒格从大学辍学，加入了美国空军。军队把他送到加利福尼亚州帕萨迪纳的加州理工学院研究气象学。在那里，他学会了识别积云和卷云，并爱上了南加州阳光明媚的天气。

巴菲特的家与 AK-Sar-Ben 赛马场很近，骑自行车几分钟就能到，年轻的巴菲特几乎全身心地投入关于可能性和概率的研究。与此同时，芒格则热衷于与他的战友玩扑克，并从中学习到了重要的投资策略：在事情对自己不利时一定要学会放弃，而一旦运气落在自己的头上，就必须孤注一掷。后来，他经常在投资领域运用这种策略。

最好的生意是什么

第二次世界大战结束时，芒格还没有获得本科学位，于是他申请转学到自己父亲的母校哈佛大学法学院，但被拒绝了。哈佛大学法学院前任院长是内布拉斯加人，也是芒格家族的朋友，他给学校打了一个电话，随后芒格就被录取了。芒格在法律方面很有天赋，1948 年他以优异的成绩毕业。这段经历让他牢记了一点：在上层社会一定要有朋友。

自哈佛大学法学院毕业后，芒格搬回了洛杉矶，并加入了一家非常著名的法律事务所。通过处理 20 世纪福克斯公司、莫哈韦沙漠的采矿业以及房地产交易等业务，他学到了很多商业知识。在此期间，他还成了一家国际收割机经销商的主管，这使他第一次了解到，要挽救一家陷入困境的企业是多么困难。这家经销商主要从事批发业务，因此需要大量的资金来支付昂贵的库存成本，而其大部分资金都源于银行贷款。连续遭遇两个季度的市场萧条，库存的持有成本就会毁掉这项生意。然而，如果该公司削减库存以降低成本，就会无货可卖，这意味着客户会去找那些有足够库存的其他经销商。这项生意处境艰难，存在很多问题，也没有简单的解决办法。

在那段时间里，芒格考虑了很多生意上的事情。他习惯问人们，他们认为最好的生意是什么。他渴望与顶尖律师事务所服务的那些精英客户打成一片。他决定每天花一个小时在办公室里研究自己的房地产项目，就这样，他完成了 5 个项目。芒格说自己的前 100 万美元财富完全是辛苦钱。也正是在那个时期，他意识到自己永远不会成为非常富有的执业律师——他得另辟蹊径。

相见恨晚的投资双杰

1959 年的夏天，为了处置父亲的遗产，芒格约了两位老朋友在位于奥马哈市中心的奥马哈俱乐部吃午餐。在这家具有木制装潢的私人俱乐部里，商人们直到下午才吃午饭，晚上则喝酒、抽雪茄。这两位朋友决定带着他们自己的一位朋友来，后者当时正在运营一家他们投资的合伙企业。他们认为芒格肯定非常愿意认识这名年轻人——巴菲特。

据说，两人当时都感觉相见恨晚。巴菲特一开始就单刀直入地抨击投资天才本杰明·格雷厄姆。芒格知道格雷厄姆，于是两人立刻开始探讨企业和股票。谈话变得如此忘情，以至于芒格和巴菲特几乎没有注意到他们的两个朋友是何时离开的。这标志着一段漫长的兄弟情的开始、一种堪称绝配的合作关系的建立。在接下来的几天里，他们彼此见面不多。在某一天共进晚餐后，芒格就自己在加利福尼亚是否也成立一家投资合伙企业一事，询问了巴菲特的意见。巴菲特表示，他没有任何理由给出否定的意见。

孤注一掷的交易

芒格回到加利福尼亚后，他和巴菲特每周都要通几次电话，这种情况持续了好几年。1962 年，芒格终于与太平洋海岸证券交易所（Pacific Coast Stock Exchange）的一名交易员，也是他的老牌友，共同建立了一家投资合伙企业。他还成立了一家新的律师事务所，名叫芒格·托尔斯·希尔斯·伍兹（Munger, Tolles, Hills and Woods）。在接下来的 3 年时间里，他逐渐放弃了法律事务，开始把全部心思花在投资领域上。

芒格的投资合伙企业与巴菲特的不同，因为他愿意为了完成某些交易而承担大量的债务。他特别喜欢股票套利。围绕着大不列颠哥伦比亚电力公司（British Columbia Power，简称 BCP），芒格就做成了一笔套利交易。当时，加拿大政府计划要接管这家公司，其收购价为每股 22 美元，而 BCP 的市价为每股 19 美元。考虑到这笔交易最终将以每股 22 美元的价格成交，芒格决定孤注一掷，买入自己所能买到的全部 BCP 股票，为此他花光了所有的合伙资金、自有资金以及能够借到的资金。这笔交易的最终结果是，BCP 以 22 美元的价格被收购。芒格就像白捡了一大笔财富。

被淘汰的商业模式

在 20 世纪 60 年代中期，芒格和巴菲特正忙着在粉单市场（Pink Sheets）寻找市值比较低的好公司。他们挖掘出了蓝筹印花公司。这家公司是一家出售印花的公司。其他公司会从蓝筹印花公司购买印花并赠送给自己的客户，而这些客户随后会将印花兑换成蓝筹印花公司提供的奖品。我们可以将这种模式想象成一个积分奖励计划的雏形。让芒格最感兴趣的是，因为在印花销售和消费者兑换之间存在很长的时滞，所以蓝筹印花公司可以形成大量的“浮存金”。另外，美国政府当时已对该公司提起了反垄断诉讼，因此蓝筹印花公司的股价正处于很低的位置。作为一名律师，芒格认为，诉讼的结果将有利于蓝筹印花公司，后来事实也确实如此。芒格通过他的合伙企业，巴菲特则通过伯克希尔·哈撒韦公司，联手控制了该公司，而芒格成了该公司的董事长。到 20 世纪

70 年代末，蓝筹印花公司的“浮存金”已增长至约 1 亿美元，而芒格和巴菲特可以用这些资金进行投资。

蓝筹印花公司的商业模式最终还是被淘汰了，多年来其销售额缓慢下降，从 1970 年的 1.26 亿美元下降到了 1990 年的 150 万美元。不过，在其全盛时期，芒格利用蓝筹印花公司的浮存金收购了喜诗糖果和西科（Wesco）80% 的股权，后者是一家拥有储贷资质的金融公司。当时，伯克希尔·哈撒韦公司的纺织业务陷入了苦苦挣扎的境地，巴菲特不得不从中撤出资金，用于收购业务蒸蒸日上的国民保险公司（National Indemnity），而芒格则调用蓝筹印花公司的浮存金对很多有利可图的业务进行了投资。最终，蓝筹印花公司被合并到了伯克希尔·哈撒韦公司。

1968 年，芒格、巴菲特以及经营曼哈顿第一投资公司（First Manhattan）的大卫·“桑迪”·戈特斯曼（David “Sandy” Gottesman）合作，创办了多元零售公司（Diversified Retailing Company，DRC）。DRC 以 1 200 万美元收购了巴尔的摩的孔恩百货（Hochschild Kohn），其中一半的收购资金来自银行贷款。尽管买下孔恩百货的价格很便宜，但由于缺乏竞争优势，它需要持续性地注入新资金来维持自身竞争力。芒格和其他人很快就知道了经营零售服装企业到底有多艰难。珠宝和地毯企业的存货几乎不会贬值，而不同的是，在零售服装行业中，企业的所有库存产品都会随着季节的变化而过时。经过 3 年的惨淡经营，他们最终又卖掉了孔恩百货。

从来都不喜欢多元化

在那段时间里，芒格开始发现投资优秀企业的好处。这些企业不需要大量的运营资本，同时能产生大量可以用于扩大原有业务或购买新业务的自由现金。

1961—1969 年，芒格的投资合伙企业的年回报率达到了惊人的 37.1%。然而，1973—1974 年股市的崩盘拖累了芒格的业绩，当他于 1975 年清算该基金时，其资产总额为 1 000 万美元。在其存续的 14 年间，该合伙企业的年回报率为 24.3%。有趣的是，在这只基金存续的最后几年里，芒格的投资组合高度集中，仅蓝筹印花公司的股票就占到了该合伙企业总资产的 61%。就投资策略而言，芒格从来都不喜欢多元化。

1972 年，芒格的合伙企业决定与投资人里克・盖林（Rick Guerin）合作，控股封闭式的信业基金（Fund of Letters）。随后，他们就将该基金更名为新美国基金（New America Fund）。当合伙企业清算时，芒格的合伙人开始直接持有新美国基金。这只基金由盖林负责运营，芒格则负责选择投资标的。1977 年，新美国基金以 250 万美元的价格收购了每日新闻集团（Daily Journal Corporation），芒格成了该公司的董事长。每日新闻集团是一家位于加利福尼亚的出版公司，旗下包括《洛杉矶日报》和《旧金山日报》。当盖林和芒格解散新美国基金时，该基金的持有人得到了每日新闻集团的股票，同时该集团的股票开始在场外交易市场挂牌交易。现在，每日新闻集团的许多股东其实就是 40 多年前投资芒格的合伙企业的人。

芒格教会巴菲特的事

1979 年，芒格成为伯克希尔·哈撒韦公司的副董事长。1983 年，蓝筹印花公司与伯克希尔·哈撒韦公司合并，芒格就任西科公司的董事长。正是通过这两个职位，芒格协助巴菲特在投资和管理领域做出了许多决策。1984 年，伯克希尔·哈撒韦公司的净利润为 1.48 亿美元，每股价格 1 272 美元，而到 2016 年时，其净利润约 240 亿美元，每股价格则飙升到了 21 万美元。

如今，芒格已年逾九旬，仍担任伯克希尔·哈撒韦公司的副董事长。截至 2019 年，伯克希尔·哈撒韦公司的市值已达 4 990 亿美元。与此同时，他还是每日新闻集团的董事长，其个人财富近 18 亿美元。

在总结过去 50 多年芒格对自己投资风格的影响时，巴菲特说："芒格教会我不要只像格雷厄姆那样买入'便宜货'。这就是他对我的真实影响。他用强大的力量让我摆脱了格雷厄姆的理念的限制。这就是芒格思想的力量。"

THE TAO OF CHARLIE MUNGER

目录

PART 2
查理·芒格的投资理念

PART 3
查理·芒格对经济基本面的思考

PART 4
查理·芒格的处世智慧

THE TAO OF CHARLIE MUNGER

PART 1

查理·芒格给投资者的忠告

01
投资者的误区

THE TAO OF
CHARLIE MUNGER

THE TAO OF CHARLIE MUNGER

股市中存在着各式各样的陷阱，一旦掉入其中，投资者面对的可能性就会急速缩小。借债买卖股票时，如果出现了亏损，那么你只有依靠极高的回报率才能快速回本，而这意味着，很多投资机会对你而言毫无意义了；在投资时，如果你过分依赖分析师的建议，那么分析师自身的利益就会扭曲你的机会空间……芒格希望投资者尽量保持更广泛的可能性，因为一旦你发现自己的面前只有一条路的时候，这条路往往通向万丈深渊。

001

盲从

随大流只会让你更靠近平均值。

Mimicking the herd invites regression to the mean.

芒格告诉我们，如果我们投资一只指数基金，那么我们所获得的回报并不会比普通投资者好到哪里去。我们永远不会超越平均水平，而所有人都亏损也可以叫平均水平。如果我们在牛市高点买入指数基金，那么一旦市场崩盘，我们可能要承受好几年的亏损。在芒格的世界里，当别人都在抛出时，他却开始买入，这对总是随大流的那些人来说无疑是非常困难的。

002

预测

预测从来不是我的强项，而且我也不依靠准确的预测来赚钱。我们往往只是买入好的公司，并一直持有。

I've never been able to predict accurately. I don't make money predicting accurately. We just tend to get into good businesses and stay there.

无论对天气、选举、经济，还是股市，尤其是股市，芒格都不是预测方面的专家。金融媒体上关于股市将要发生什么事的戏谑，对他而言都是无谓的噪声。他只是想要以合理的价格买到好公司。然而，他能预测的唯一一件事就是，在股市的疯狂和股价高涨之后，严重的萧条和惨淡的股价通常就会紧接而来。他能准确地预测这些事件什么时候发生吗？不能。不过，他知道它会发生，而他只需要耐心等待。

003

恐慌

多亏了 20 世纪 30 年代早期以及强盗男爵时代的资本家的所作所为……股票产生的股息是债券利率的两倍。那时是购买股票的美好岁月。我们在上一代人陷入意志消沉时获利。

Thanks to the early 1930s and the behavior of the capitalists in the robber baron days...stocks yielded dividends that were twice as much as the interest rates on bonds. It was a wonderful period to be buying stocks. We profited from others' demoralization from the previous generation.

1929 年和 1932 年的经济危机对股市造成了毁灭性打击，直到 1954 年，道琼斯工业平均指数才回到 1929 年的高点。许多人失去了他们的所有财富。在将近 30 年的时间里，公众投资者对股票投资都敬而远之。在 20 世纪 40 年代，许多股价在经济危机期间遭受重创的公司都恢复了盈利，但没有人对买股票感兴趣。为了吸引投资者，这些公司不得不支付几乎两倍于债券利率的高股息。正是在这段时间里，芒格和巴菲特开始尝试股票投资，他们所投资的公司通常会支付可观的股息，而且其股票经常以低于账面价值的价格被出售。20世纪50年代末至60年代初，随着投资普通股的风尚重新流行，这些公司的股价开始上涨，芒格和巴菲特因此成了千万富翁。20世纪60年代后期，这些超值的便宜货开始消失，到1972年时，它们已经消失得无影无踪，因为牛市已经导致所有的股票都被高估了。

004

快钱

渴望一夜暴富是相当危险的。

The desire to get rich fast is pretty dangerous.

试图快速致富是很危险的想法，因为我们必须就股票或其他资产的短期价格走势进行赌博，而许多消息比我们灵通的人其实早就先下手了。证券或衍生品合约的短期走势，往往取决于由突发事件引发的价格波动，与标的业务或资产的实际长期价值无关。最后，同样重要的是，我们还必须考虑杠杆问题：要想快速致富，就必须经常使用杠杆/债务来放大微小的价格波动所能带来的收益。然而，如果事与愿违，杠杆也会造成巨大的损失。假如，我们在股市中保留了极高的杠杆化头寸，并幻想着大赚一笔；然后，像“9·11”事件这样可怕的事情发生了，接着股市彻底崩溃，而我们的财富也将彻底被席卷一空。在芒格年轻的时候，他经常在股票套利中使用杠杆，然而随着年龄的增长，他意识到了杠杆中蕴含的巨大风险。现在，他总是极力避免依靠负债，并且只看重企业的长期经济价值，而不是股价的短期波动。

005

翻垃圾

作为一名投资者，格雷厄姆在市场中获得了许多经验教训。几乎将他击溃的大崩盘和大萧条塑造了他评估公司的理念，也令其余生都心有余悸。他的所有方法都是为了摆脱这种感觉。

Ben Graham had a lot to learn as an investor. His ideas of how to value companies were all shaped by how the Great Crash and the Depression almost destroyed him…It left him with an aftermath of fear for the rest of his life, and all his methods were designed to keep that at bay.

1929年10月29日的大崩盘使格雷厄姆经受了严峻的考验，而随后在1932年发生的大熊市几乎彻底摧毁了他。1929年股市大崩盘后，股价开始恢复，到1931年时市场已经上涨了30%。然而，接下来的1932年却发生了完全出人意料的大熊市，这也是整个20世纪最糟糕的一次大熊市。在这次大熊市中，股价下跌了89%。如果1929年9月3日你在道琼斯成分股上投入了1 000美元，那么到1932年7月8日那天，你将只剩109美元。为了保护自己的将来，格雷厄姆提出了“安全边际”这个概念，并形成了一套定量的评估方法。这套方法是他从债券分析和应对破产的恐惧中总结出来的。于是，他开始寻找那些市值低于账面价值的公司，并开创了被称为“买下整家公司”的投资策略。他会评估公司的整体价值，然后再弄清楚公司在股市中的总市值。假设一家公司的整体价值是 1 000 万美元，而它发行了 100 万股股票，市场上的股价为 6 美元。基于这一点，格雷厄姆就可以知道股市对整家公司的估值是 600 万美元。然而，由于它的内在价值是 1 000 万美元，这相当于为格雷厄姆提供了 400 万美元的安全边际。因此，即使股市崩盘，该公司 1 000 万美元的内在价值最终也会牵引其股价回升。

这套策略的缺点就是，按照它的要求，当股价达到企业内在价值时投资者就应该卖掉股票。该策略并不提倡买入那些值得持有三四十年的股票，而芒格和巴菲特却会这么做。如果格雷厄姆在 1974 年购买了伯克希尔·哈撒韦公司的股票，当时该公司的价格是其账面价值的一半，那么当 1980 年其股价高于账面价值时，他就会获利了结。然而，如果这样，到 2016 年时，他就只能眼睁睁地看着该股股价达到惊人的 21 万美元。格雷厄姆的投资哲学是在获得盈利的同时防止自己遭受过大的损失，但这同时也阻止了他从复合效应中受益：一家非凡的企业可以使这种复合效应持续 10 年、20 年，甚至更久。

006

河水淹死会水人

尽量别犯愚蠢的错误，而不是尽量表现得很聪明，拥有长期优势的投资者正是凭借这点获得了难以想象的收益。正如古训所说：“河水淹死会水人。”

It is remarkable how much long-term advantage people like us have gotten by trying to be consistently not stupid, instead of trying to be very intelligent. There must be some wisdom in the folk saying: “It’s the strong swimmers who drown.”

擅长游泳的人往往会游到深海区，这无形中让他们处于危险中。游泳水平一般的人会在岸边，这反而让他们非常安全。在投资博弈中，高智商的数学家或宽客会使用极其复杂的交易模型，这些模型一旦犯错就会让他们陷入困境。华尔街的博士们为了利用股市短期波动获取收益而创造了许多复杂的数学模型和交易策略，芒格对此并不感兴趣。恰恰相反，他对那些可以长期带来超额收益的简单交易策略很感兴趣。对于芒格来说，付出大量的时间去研究交易策略却只获得了很少的回报，这是极为愚蠢的。

007

分散化投资

崇尚分散化投资，我觉得这种观念太疯狂了。

This worshipping at the altar of diversification, I think that is really crazy.

分散化投资可以使理财顾问和股票经纪人的表现不会太糟糕，但同时也不会让他们表现得太好。过于分散化的投资，比如持有 50 种甚至更多的股票作为资产组合，通常意味着上涨股票的盈利和下跌股票的亏损将互相抵销。因此，分散化投资的收益总是和市场或是指数基金亦步亦趋。提供分散化投资服务的专业顾问永远不会看起来非常好或是非常糟糕，他们总是处于差不多的状态。芒格发现，如果以合理的价格投资于经济基本面很好的公司，那么即使我们将持有股票的种类减少到 10 种以下，依然能够避免由意外引发的亏损，而且我们的投资组合还能在未来 10 ～ 20 年中取得良好的增长。没必要搞太多花样，我们不是动物园，如果我们的股票池子里只有 10 只股票，那么我们就应该更好地盯紧它们。

008

避税

从我一生所见的失败的商业决策来说，过度关注避税是犯下愚蠢错误的主要原因之一……从现在开始，对于有人向你推荐的关于避税的投资项目，我的建议是都别参与。

In terms of business mistakes that I've seen over a long lifetime, I would say that trying to minimize taxes too much is one of the great standard causes of really dumb mistakes... Anytime somebody offers you a tax shelter from here on in life, my advice would be don't buy it.

芒格见过许多难以想象的、失败的投资决策，它们都源于人们过度关注如何避税而不是盈利模式本身。尽管避税项目的确可以帮助你减税，但是它们实际上都是糟糕的、具有很大风险的投资，最终会让你的投资损失超过避税所得。芒格和巴菲特将他们在伯克希尔·哈撒韦的投资设计为合法的避税项目。首先，他们从不分红，因此避免了股票派息所需支付的税收。其次，50 年来他们一直持有伯克希尔·哈撒韦的股份，这使得投资收益在伯克希尔·哈撒韦公司内部“滚雪球”。最后，他们会用累积的利润收购其他公司，以此扩大伯克希尔·哈撒韦公司的规模，只有卖出伯克希尔·哈撒韦股票的时候他们才需要交税。对于巴菲特来说，他所有的财富都捐给了慈善组织，因此他根本不必考虑交税的事情。综上所述，对于拥有伯克希尔·哈撒韦公司这种终极避税机制的芒格和巴菲特来说，为什么要去投资以避税为目的的项目呢?

009

杠杆

正如你在伯克希尔·哈撒韦公司的运营中所看到的那样，我们更倾向于采用保守的方法。我们以更加有利的条款借更少的钱。我们乐意降低杠杆。你可以认为我们错了。尽管这让我们少赚了钱，但我们并不会因此感到困扰。我们从不会因错过某些机会而感到苦恼。别人比你更富有又有什么问题呢？为此苦恼真是杞人忧天。

As you can tell in Berkshire's operations, we are much more conservative. We borrow less, on more favorable terms. We're happier with less leverage. You could argue that we've been wrong, and that it's cost us a fortune, but that doesn't bother us. Missing out on some opportunity never bothers us. What's wrong with someone getting a little richer than you? It's crazy to worry about this.

芒格知道，杠杆和嫉妒是致命的混合体。杠杆只是债务的一个代名词。使用杠杆的魅力在于能够让人利用权益资本赚更多的钱。然而，使用杠杆不仅会在一切称心如意时增加你的收益，也会在进展不顺利时增大你的损失。投资银行的经理们喜欢使用很高的杠杆。正如我们先前所说的，如果事情的发展如其所愿，那么通过使用杠杆他们能够获得数千万美元的奖金。如果赌输了，他们会将这一切归咎于市场，并且希望能通过其他方面的操作来弥补其损失。

然而，有时杠杆过高带来的损失会导致公司破产。投资银行为何会让自己陷入如此境地呢？答案就是嫉妒。他们看到其他银行的人赚了数百万美元，于是自己也想赚大钱。因此，他们不停地提高杠杆水平来增加收益。他们究竟提高到了什么程度呢？符合美国联邦存款保险公司规定的正常的商业银行，其债务是股本的 10 倍。当雷曼兄弟破产时，其债务是股本的 30 倍。在命运逆转之前，雷曼兄弟挣了极大的一笔钱，却因此走向了破产。芒格和巴菲特总是避免在伯克希尔·哈撒韦公司中使用过高的杠杆，并避免投资拥有高债务股本比的公司。最终结果是，伯克希尔·哈撒韦公司能够从其他公司的高负债中获利，而自身却从不会深陷其中。

010

分析师

在企业界，如果你有一群分析师，而他们毫无常识却要负责尽职调查，那么你无异于身处地狱。

In the corporate world, if you have analysts, due diligence, and no horse sense, you've just described hell.

我认为芒格的意思是，尽管穆迪等评级公司的分析师负责对债券进行新的评级，但他们的数百万美元的薪酬却是由申请评级的华尔街投资银行来支付的，对此我们应该保持警惕。评级公司有非常强烈的动机，为投资银行的金融产品给出最高评级，即使该产品可能达不到如此高评级的标准。正是这些因素导致了房地产泡沫、随后的股市崩盘以及2007—2009年的金融危机。我们今天面临的问题是，评级公司替投资银行描绘美好前景的经济激励依然存在。记住这句话："欺骗我一次，应该羞愧的是你；欺骗我两次，应该羞愧的是我自己。"

011

佣金

任何有很高佣金的地方，都非常可能出现欺骗行为。

Everywhere there is a large commission, there is a high probability of a rip-off.

佣金相当于奖励。在芒格的世界里，奖励机制有助于意识层面和潜意识层面的激励。抽取佣金的财务顾问和股票经纪人有动力让投资者把资金从一个项目里取出来去投入另一个项目，因为他们正是以此来赚钱的。我们的账户交易的次数越多，他们赚的钱就越多。因此，他们总会找各种理由去让投资者频繁交易。大多数时候他们会因此越来越有钱，而投资者却越来越穷。就像喜剧演员伍迪·艾伦（Woody Allen）曾经说过的那样："股票经纪人是一个用别人的钱进行投资，直到别人的钱都被赔光的人。"

012

复杂

如果一个人对银行家缺乏敏锐的洞察力，我认为他不应该投资银行。对投资者来说，银行业是一个非常危险的投资方向。如果对银行业没有很深的洞察力，就不要向银行类股票投资。

I don't think anyone should buy a bank if they don't have a feel for the bankers. Banking is a business that is a very dangerous place for an investor. Without deep insight, stay away.

芒格和巴菲特针对银行业的投资有一个特点，那就是他们总是很欣赏自己所投资银行的管理层。他们尤其称赞管理层对经营效益的痴迷，因为这能够让他们保持较低的成本并有效控制风险，进而避免配置大量的衍生产品和风险较高的抵押贷款。比如，他们之所以投资富国银行或者美国银行，都是因为看中了管理层的品质和诚信。

为什么要关注管理层？这是因为管理层的品质是芒格和巴菲特能够理解并进行判断的，而相比之下，银行的财务报表往往太过复杂，因此就连最好的金融分析师也很难理解。

02

投资者的心性

THE TAO OF
CHARLIE MUNGER

THE TAO OF CHARLIE MUNGER

即使握有全世界最锋利的刀，如果你自己的心性存在缺陷，那么它也会成为自残的工具。同理，如果你具备卓越的眼光，却缺乏行动的胆识和魄力，那么财富对于你而言将永远是海市蜃楼；如果你拥有最精于计算的头脑，但始终无法克服欲望的纠缠，那么在巨额财富的重压之下，你注定将粉身碎骨……芒格始终在告诫投资者，不要做傻事。要做到这一点，靠的不是自以为是的小聪明，而是虚怀若谷的大智慧。

013

固守能力圈

知道你不知道什么事情比成为聪明人更有用。

Knowing what you don't know is more useful than being brilliant.

芒格在这里想说的是，我们应当清楚地认识到，哪些领域是我们不了解的，并利用这种认知来避免对自己不了解的企业进行投资。

20 世纪 90 年代末，在科技股泡沫最严重的时候，许多非常聪明的人经受不住诱惑，纷纷投资互联网股票。芒格意识到，他不了解新兴的互联网业务，这超出了他的能力圈，所以他和伯克希尔·哈撒韦公司完全避开了互联网企业。大多数华尔街人士都认为他落伍了。然而，当泡沫最终破裂时，互联网公司的股价一落千丈，很多人的财富化为乌有，直到这一刻人们才了解到芒格的智慧。

014

智慧

承认无知是智慧的开始。

Acknowledging what you don't know is the dawning of wisdom.

人越聪明，就越能够意识到自己实际上所知甚少。承认无知，便将自己置于求知之境，这便是智慧的起始。在芒格的投资世界中，他所谓的“能力圈”便是由所有他熟悉并能够准确评估的公司组成的。能力圈同时也圈出了他不熟悉或是不能评估的公司。承认无知使芒格可以暂时放下投资，转而深入了解企业，判断自己能否正确理解并评估其商业模式，而这家企业也可能由此进入其能力圈。在芒格的一生中，他的能力圈在不断扩大，包括保险业务、银行、报业、电视、糖果公司、航空公司、工具制造企业、靴子制造商、内衣制造商、电力公司等。芒格通往智慧的道路就是起始于承认自己的“无知”，然后针对这一点而有所行动。

015

别做傻事

人们都试图变得精明，而我只想证明自己并不是在做傻事，但这比许多人想象的要困难得多。

People are trying to be smart—all I am trying to do is not to be idiotic, but it's harder than most people think.

芒格的投资理念基于这样一种理论，即相对于一家公司的长期经济价值，目光短浅的股市给出的报价偶尔会过低。当这种情况发生时，芒格就会买入该公司的股票，并长期持有，然后等着公司基本面最终撬动自身股价上升。他唯一必须要注意的一点，就是避免干一些愚蠢的事情。对芒格来说，干蠢事的真正内涵就是错过了眼皮底下的机会，比如，并未将自己很看好的一笔投资付诸实践，或者当机会出现时买得太少。避免这种错误实际上比人们想象的要困难得多。

016

打破思维枷锁

使用定量的手段可以找到划算的买卖。一旦我们跨越思维枷锁，重新意识到可能会让格雷厄姆感到震惊的这一点，那么我们就能开始思考更好的投资机会了。

Once we'd gotten over the hurdle of recognizing that a thing could be a bargain based on quantitative measures that would have horrified Graham, we started thinking about better businesses.

格雷厄姆既是价值投资的鼻祖，又是巴菲特的老师和领路人。在他的世界里，价值投资的核心就是，购买价格低于其内在价值的股票。具体来说，这意味着股票价格只有其账面价值的一半或股票市盈率处于非常低的水平。1933—1965年，只要一个人足够努力，找到这些便宜货并不难。然而，格雷厄姆这种投资理念的问题在于，在股票价格上涨到其内在价值时，它要求投资者抛出手中的股票。显然，它并不赞成另一种方式，即在20年甚至更长的时间中一直持有该股票，并等待公司的经济效益不断抬升其基本面及股价。

芒格和巴菲特认识到，一些企业拥有优异的经济效益，这使它们的内在价值会随着时间的推移而不断增加。这些公司的普通股就像权益债券一般，而且其票面利率还是不断提高的。例如，当伯克希尔·哈撒韦公司在 1988 年开始购买可口可乐公司的股票时，其每股收益为 0.18 美元，并以每年约 16% 的速度增长（数据因为分拆而调整过）。伯克希尔·哈撒韦公司支付的价格约为每股 3.24 美元，相当于 18 倍的市盈率，这大大高于格雷厄姆所偏好的价格。然而，芒格和巴菲特突破了格雷厄姆的理念所造成的思维瓶颈。在他们看来，尽管这家公司的市盈率为 18 倍，但其长期的经济效益仍使它成了一项非常划算的投资标的。他们把可口可乐公司的股票看作一种权益债券，该债券的初始票面利率是 5.55%（0.18 美元的每股收益除以 3.24 美元等于 5.55%），而随着可口可乐公司每股收益的持续增长，该债券的票面利率还将继续增长。从长远来看，随着公司效益的增长，市场肯定将推高可口可乐公司的股价。

那么伯克希尔·哈撒韦公司是怎么做的呢？截至 1988 年，在过去的 27 年间，伯克希尔·哈撒韦公司在可口可乐公司股票上的 12.99 亿美元的原始投资已经增长至 171.84 亿美元，其年复合回报率达到了10.04%。另外，这并不包括这期间伯克希尔·哈撒韦公司所获得的股息收入。仅在2015年，可口可乐公司就向伯克希尔·哈撒韦公司支付了5.28亿美元的股息。以伯克希尔·哈撒韦公司的初始投资额12.99亿美元来计算，2015年度的股息回报率为40%。在随后的5年，可口可乐公司将向伯克希尔·哈撒韦公司支付约26.4亿美元的股息。随着可口可乐公司的发展，很多事情变得越来越好了，包括我们的投资。

017

耐心

我的成功源自我的长期专注。

I succeeded because I have a long attention span.

耐心是一种美德，对于投资博弈而言，它还是一笔财富。大多数人认为，耐心意味着投资后即可“守株待兔”，等待它的价值上升。在芒格的世界里，耐心也意味着持有大量现金等待优质企业的股价走低。这意味着要有耐心，专注于寻找一家以合适价格被出售的优质企业。就像成为一名医生或律师一样，成为投资者也需要极强的耐心。

018

静心

静心等待将帮助你成为一名投资者，然而大多数人都处于迫不及待的状态。

It's waiting that helps you as an investor, and a lot of people just can't stand to wait.

17 世纪法国数学家布莱士·帕斯卡（Blaise Pascal）说过："人性中存在的所有问题，都根源于人类无法在独处的时候安静地思考。"芒格赞同这一观点。你必须等待，直到一家具有持续竞争力且价格合适的公司出现。芒格所说的等待并没有固定的期限，这意味着你可能需要等待多年。20 世纪 60 年代末，巴菲特清空了所有头寸，直到 5 年后他发现值得投资的标的时才重新进入股市。20 世纪 90 年代末科技股泡沫期间，巴菲特和芒格停止了股市的交易，这种状况持续到 2003 年他们发现有吸引力的投资标的时才结束。然而漫长的等待对于大多数投资者来说并不是一件容易的事情。

对于共同基金和对冲基金的投资经理来说同样如此，他们面对着每季度收益排名的压力，因此为了找到一项值得投资的标的而等待数年是根本不可能的。

当然，熬过漫长的等待并寻找值得投资的标的只是第一步的考验。一旦你买了一只股票，你必须等待企业的商业周期进入上行阶段，进而拉动股价提升。当芒格和巴菲特说他们打算永远持有一项标的的时候，他们是真的打算“永远”持有！华尔街中还有谁敢说这样的话？这也是芒格和巴菲特从不担心其他人模仿自己投资风格的原因之一，因为没有任何机构和个人会拥有这样的耐心和纪律性。

019

耐得住寂寞

“你必须要非常有耐心，你必须要等待，直到某件事出现，你才会发现自己所付出的代价是值得的。”这句话是违反人性的，谁也没办法整天坐在那里无所事事，只是等待而已。可是这对我们来说很容易，因为我们还有很多其他事情要做。不过，对于一个普通人来说，你能想象他干坐了 5 年而什么也不做吗？你觉得自己不够积极进取，也没有价值可言，更觉得自己做了一件愚蠢的事情。

You have to be very patient, you have to wait until something comes along, which, at the price you're paying, is easy. That's contrary to human nature, just to sit there all day long doing nothing, waiting. It's easy for us, we have a lot of other things to do. But for an ordinary person, can you imagine just sitting for five years doing nothing? You don't feel active, you don't feel useful, so you do something stupid.

我们之前谈到过芒格对耐心的看法。然而，如果你还有任何怀疑的话，我希望你去读一读芒格在 2014 年每日新闻集团年会上有关耐心问题的解说。这一重要的解说帮助了人们解释芒格积累财富的最后一个巨大谜团。我想告诉你的是，在参加伯克希尔·哈撒韦公司年会的 4 万人中，包括成千上万的专业投资人士，可能只有 10 个人真正理解这条建议，并能将其付诸实践。因此，我想通过以下逐字逐句解读的方式来探索它的所有细微之处。如果你从这本书中真正学到了一些东西，那么你就会明白耐心对芒格的重要性。

大多数投资者不够有耐心，而正因为这一点，他们才失去了成功的机会。这是为什么呢？因为他们总是以高于长期内在价值的价格购买股票，这是关于人的动物本性的问题。如果早上醒来后你决定要拿自己的钱去投资，那么你几乎找不到一项符合芒格标准的投资机会。因此，如果你只是等待，那么你就可以得到更多的东西。芒格说的这点很容易做到，因为等待不需要付钱给任何人。

芒格的做法是有些违背人性的，可这却是一个成功的投资策略。对于所有投资策略来说，最成功的策略之一就是成为逆向投资者：在其他人抛售时买入。在其他人都着急交易时，你要保持耐心，不要太过着急，即使全世界除了你之外都在着急交易。

或者你可以这么想：芒格不是在寻找投资机会，而是在等待合适的长期投资机会，在等待一个合适的价格。他会把眼睛睁得大大的，以确保他不会错过这个机会，这就是为什么他会读很多书，确保自己时刻保持清醒。如果机会没有出现，他就继续读书。要做到这些很难吗？假设你去找投资顾问，而他告诉你可能需要5年时间才能找到合适的投资，那么大多数人会站起来离开，去找另一位投资顾问。等待真的不是人的天性，这也是芒格相较于其他所有人所具备的优势。

大多数人都很着急，因为他们不能像芒格那样耐心地等待5年，直到价格合适的长期投资标的出现。由于大部分股票的价格是超过其内在价值的，所以大多数投资者最终都为这些高价股票买了单。99%的投资者匆匆忙忙地进行交易，并最终为投资标的支付了过高的价格，而包括芒格在内的那1%的例外则会能够耐心等待5年，一直等到价格合适的长期投资机会出现。你属于前者，还是后者呢？

020

正视现实

我认为投资者需要正视公司的实际情况，即使你并不情愿；事实上，特别是当你不情愿这样做的时候，更要这样做。

I think that one should recognize reality even when one doesn't like it; indeed, especially when one doesn't like it.

这里芒格谈论到的实际情况是，投资人钟爱的一项投资遇见了新的经济状况。这意味着公司所处的经济环境发生了重大改变，并导致曾经很杰出的公司风光不再。对于伯克希尔·哈撒韦公司来说，它的再保险业务就曾经发生过类似的情况。当时，资本的涌入导致再保险业务过热，其价格因为竞争不断降低，从而使伯克希尔·哈撒韦公司从这项业务中赚到的钱越来越少。大部分再保险公司不愿接受这项事实，依然维持自己的竞价销售策略，即使这意味着它们几乎无法从这项业务中赚钱。伯克希尔·哈撒韦公司则竭力脱手再保险业务，直到再保险业务的价格回升，他们才重新开展这项业务，这也使伯克希尔·哈撒韦公司最终成为世界上最大且最赚钱的再保险业务运营商之一。

021

胆识

曾有一段时间，当时没有人愿意进场，我们却开始投资，那种感觉的确很糟糕。

We have a history when things are really horrible of wading in when no one else will.

正如我们在本书中反复提到的那样，芒格做的唯一一件事就是手握一大笔现金，坐等着一场金融危机。其他投资者不介入的原因是他们没有足够的现金购买任何东西。大多数投资基金都是满仓操作，而它们为什么要满仓操作呢？这是因为现金回报率很低，而持有大量现金会严重拉低基金的业绩。

此外，还有一些基金会借入大量资金，这意味着它们的投资额会超过自身的资本金。它们借钱来增加投资者的资本回报率，这也为基金经理带来了更多的管理费。然而，当市场下跌时，满仓操作的基金会损失很多钱，特别是杠杆基金。

在市场崩溃的情况下，那些能够当日申请赎回的开放式基金不仅经受着自己的投资组合缩水，并且还会遭遇到投资者从基金中集体撤出大量资金的局面。

最重要的是，在熊市中，那些共同基金、对冲基金以及类似的机构都没有现金去投资，这使得芒格和巴菲特这类人能够轻易寻觅到大量投资机会。

022

魄力

成功的投资既需要进取心又需要耐心，并且还需要准备好在机会出现时抓住它，因为在这个世界上，机会不会持续很久。

Successful investing requires this crazy combination of gumption and patience, and then being ready to pounce when the opportunity presents itself, because in this world opportunities just don't last very long.

2009 年 3 月，在市场崩溃时，每个人都认为美国政府将不得不接管所有美国的大型银行，而芒格则替自己的每日新闻集团以平均每股 8.58 美元的价格买入了 160 万股富国银行的股票。今天，富国银行的股价涨到了每股约 47 美元。他之所以能够做到这一点，一方面是因为他专注于寻找一个好的投资标的，另一方面则是因为他手上有一大笔现金。因此，他可以做到耐心等待，直到机会出现。另外，还有一个同样重要的原因是，他对富国银行了解得很清楚，他知道富国银行几乎不可能破产或被政府接管。这样的购买机会只持续了几个星期，而当这个机会出现时，芒格能够以积极进取的心态抓住它。

023

沉着

每个世纪，市场总会发生两三次跌幅超过 50%的情况，如果你无法平静地面对这一切，那么你并不适合当一名普通股东。相比起那些更有气度、对市场波动更沉着的人，你理应得到平庸的结果。

If you're not willing to react with equanimity to a market price decline of 50% two or three times a century you're not fit to be a common shareholder and you deserve the mediocre result you're going to get compared to the people who do have the temperament, who can be more philosophical about these market fluctuations.

在芒格持有伯克希尔·哈撒韦公司的股票的 50 年中，他三次见证了该公司的股价下挫 50%。如果他在任何一次下跌期间售出自己所持有的股票，那么他的资产净值将仅仅是现有财富的零头。芒格认为，长期持有股票必将在某些时间段经历股价大幅下跌的情况，以伯克希尔·哈撒韦公司为例，每一次股价下跌之后它都能够完全复苏。不过，这种股票下跌和复苏的现象更多地源于公司的经济性质而非股票的价格波动。这句话怎么理解呢？1929年和1932年的股市大崩盘导致股票价格大幅下跌，道琼斯工业平均指数在1954年才得以完全恢复，这之间经过了25年。然而，像可口可乐和菲利普莫里斯（PM）这样的公司，它们拥有良好的经济效益和持久的竞争优势，到1936年其股价便恢复到了危机前的高度。那些商业模式不佳的普通企业则花费了25年的时间才重新振作起来。芒格从来不需要等待如此长的时间。为什么呢？因为他只投资经济状况良好、有核心竞争力的企业，如可口可乐公司和伯克希尔·哈撒韦公司，这样的公司能从任何股市崩盘中快速地恢复过来。

024

进化

我们年轻时并不知道有哪些事情能扩展我们的投资范围，直到我们遇到了伊斯卡。伊斯卡是那种我们在年轻时绝对不会考虑购买的公司，当时我们只知道要寻找那些合适的伙伴。这是一项非常了不起的生意，万事俱备。我们坚持不懈地学习，难道不好吗？亡羊补牢，未为晚也。

We didn't know when we were young which things to stretch for, but by the time we reached Iscar, which we never would have bought when we were young, we knew to stretch for the right people. It's a hell of a business. Everything is right there. Isn't it good that we keep learning? Better late than never.

伊斯卡的总部在以色列，是一家世界著名的精密金属切削工具供应商，也是该行业的龙头企业。2006 年，伯克希尔·哈撒韦出资 40 亿美元购入了该公司 80% 的股份，随后在 2013 年又出资 20 亿美元将剩余的 20% 的股份全部买入。这说明该公司 2013 年的业绩明显好于 2006 年。伊斯卡是伯克希尔·哈撒韦公司在美国境外全资收购的第一家公司。格雷厄姆才不会以高于其账面价值的价格收购这家公司呢，因为这不符合他的投资理念。芒格和巴菲特从收购内布拉斯加家具城的案例中学习到，若身为行业龙头的企业的规模足够大且客户群关系足够紧密，则潜在竞争者的市场准入成本就会非常高。企业规模和市场主导地位可以形成其特有的持久性竞争优势，而这些都是伊斯卡所具备的投资优势。

THE TAO OF CHARLIE MUNGER

PART 2

查理·芒格的投资理念

03

投资策略

THE TAO OF
CHARLIE MUNGER

THE TAO OF CHARLIE MUNGER

投资的核心就是识别被市场错误定价的投资标的。由于股市中存在两种不同的定价机制，并据此造就了不同的操作策略，所以错误定价的情况频频发生。当市场处于周期性的底部时，大量卓越企业的价值会被低估。对价值投资者而言，这恰恰是入场的最佳窗口。当然，优秀的投资者不但知道获利机会何时出现，还有能力把握住它，并充分挖掘它所蕴含的能量。芒格的投资策略其实很简单：保留足够的现金，等待机会窗口出现，然后下重注。

025

所有权

将股票视为企业的所有权，并判断这家企业的竞争优势是否具有可持续性。

View a stock as an ownership of the business and judge the staying quality of the business in terms of its competitive advantage.

价值投资之父格雷厄姆将持有某公司的股票看作拥有该公司的一部分。如果将投资看作购买了公司部分利润的获益权，投资者就可以对公司股价处于高估状态还是低估状态有所判断。芒格进行投资的第一步是通过股价和所发行股份数的乘积计算出公司作为一个整体目前的市场价值，之后他会问自己，从长期的角度看，这家公司是否值这个价钱。如果公司的长期价值远高于其目前的市场价值，那它就是一项潜在的投资标的；如果不存在被低估的情况，芒格一般就不会考虑。假如这家公司确实拥有“持久竞争优势”，那么芒格就会持续关注这家公司，等着在未来的某一天该公司的股价出现被低估或符合其真实价值的情况。

找到一家具备“持久竞争优势”的公司，需要判断它是否能保持核心竞争力。如果我们要连续20年持有一家公司的股票，我们就不希望公司的产品5年后就会过时。伯克希尔·哈撒韦公司投资的大批企业在超过50年的时间里一直都在提供相同的产品或服务。事实上，芒格和巴菲特持有的最棒的公司，比如可口可乐、富国银行、美国运通、瑞士再保险、绿箭口香糖、卡夫食品、百威英博等，它们在百余年的时间里都在提供相同的产品和服务！对于真正伟大的公司，时间为投资者提供了最好的证明。

026

周期

1973—1974 年或 20 世纪 90 年代早期时……人们排队等着退出乡村高尔夫球俱乐部，如果你像我一样经历过这些时段，那么你就会知道当时的境况有多么艰难。如果你活得够长，可能你也会看到这种情况。

If you, like me, lived through 1973–74 or even the early 1990s...there was a waiting list to get OUT of the country club—that's when you know things are tough. If you live long enough, you'll see it.

1973—1974 年，美国遭遇了经济衰退，而 20 世纪 90 年代初失业潮和股价暴跌又再次发生。1973—1974 年的经济衰退是由石油价格上涨所致。这次衰退历时 24 个月，导致道琼斯工业平均指数下跌了 45%。20 世纪 90 年代初的经济衰退也是由石油价格上涨引起的，但同时也与 20 世纪 80 年代的房地产业的盲目过度投资有关，后一条原因导致 20 世纪 90 年代美国新建办公楼的数量锐减。这次经济衰退持续了 8 个月，道琼斯工业平均指数下跌了18%。早在2001年，即2007年经济大衰退到来的6年之前，芒格已经预知到了会有另一场巨大的经济动荡。他是对的。2007年至2009年期间，经济崩溃，股票价格下跌，道琼斯工业平均指数下跌了54%。芒格是怎么预知的呢？因为他知道周期性的金融危机是市场的本性。当杠杆化水平很高的银行体系与投机狂热混在一起时，就会催生大量不稳定的投资泡沫，而这种泡沫不可避免地会破裂，从而导致整个经济的崩溃。我必须要指出的是，经济衰退或经济崩溃其实已经被规划进了芒格的买入策略中。芒格和巴菲特都备有巨额现金，并等待经济衰退或是经济崩溃带来的机会。虽然这意味着，在等待这个必然事件期间，他们所持的现金只能获得很低的回报率，但一旦经济危机爆发时，他们往往能一击而中。在20世纪90年代的经济衰退中，银行股受到重创，伯克希尔·哈撒韦公司抓住了这个买入机会，以2.89亿美元的价格拿到了美国富国银行的500万股股票。由于股票分拆，这500万股股票如今已经增长到4 000万股，总市值约19亿美元。这给伯克希尔·哈撒韦公司带来了7.5%的年复合回报率，还不包括股息。锦上添花的是，伯克希尔·哈撒韦最初的2.89亿美元投资如今每年能够获得5 920万美元的股息收入，年度股息收入达到了其原始投资的20.4%。正如芒格曾多次说过的那样，让他如此富有的并不是大脑，而是性情。

027

定价机制

这是一个不幸的事实，普通股的股价中总是同时包含了理性溢价和非理性溢价这两种因素。从一方面看，股票类似债券，其估值是建立在对未来现金流折现的大致合理的预测之上的；不过，从另一方面看股票与伦勃朗的画作也有相似之处，对其升值的预期决定了其估值并主导了大多数的购买行为。

It is an unfortunate fact that great and foolish excess can come into prices of common stocks in the aggregate. They are valued partly like bonds, based on roughly rational projections of use value in producing future cash. But they are also valued partly like Rembrandt paintings, purchased mostly because their prices have gone up, so far.

有趣的是，这掩盖了一些让芒格致富的底层的思维过程。首先看债券：某些公司的业务确实创造了相当稳定的收益和盈利增长，不过，并不是所有公司都是这样的。芒格和巴菲特认为，这些特殊企业的普通股和债券受到同样的重视。因此，如果一家公司每股盈利 1 美元，股票的售价是每股 10 美元，那么你可以辩称，该股就像一种权益性债券，因为它的收益率可以达到 10%。如果公司的盈利每年以 5% 的速度增长，那么投资者们可以这么理解，他们购买了一种“权益债券”，票面利率为 10%，且每年会增长 5%。他们认为这是一种“权益债券”，其回报率不断扩大，随着时间的推移，它会提升公司的潜在价值，从而提高公司的股价。

与伦勃朗画作的类比则指的是，古典大师的绘画市场是由需求驱动的，而需求通常取决于其升值的速度。这对于股票也同样适用，快速上涨的股票价格可以吸引更多的买家，就像快速下跌的股票价格会导致更多的卖家。当资产泡沫破裂、对权益工具的需求蒸发时，人们就会卖掉他们的股票和艺术品，以换取急需的现金。对于芒格和巴菲特来说，购买一家优秀公司的“权益债券”的时机，就是在其他人都试图卖掉他们的艺术品之时。

028

长痛不如短痛

面对罕见的例外情况，要比淹没在永无止境的苦海里容易忍受得多。

An isolated example that's very rare is much easier to endure than a perfect sea of misery that never ceases.

在谈论到一家伟大的公司与一家普通的公司的区别时，芒格认为，伟大的公司在20年的时间跨度里可能需要面对几个重大的问题，而普通公司可能年复一年地遇到层出不穷的问题。可口可乐公司是伟大公司的典型案例，在过去的50年里，它经历过两次失败：一次是进军电影业失败，另一次是推出旗舰产品新可乐（New Coke）。可口可乐公司从两次失败中走了出来。每一家航空公司都是普通公司的典型代表，它们需要面对航空联盟的问题、燃油成本问题，并且它们处于一个价格竞争型的行业。

这种小智慧同样适用于我们的生活，忍受短暂的剧烈痛苦远比忍受年复一年的痛苦容易得多。

029

水落“鱼”出

我认为，要想在木桶里抓到鱼，就得先把木桶里的水排掉。

My idea of shooting a fish in a barrel is draining the barrel first.

有时，目光短浅的股市会提供一些显而易见的投资机会，这令人难以抗拒。每当股市发生恐慌时，投资者就会争先恐后地抛售所有投资标的，而这些标的中其实有很多是能给他们带来长期收益的。投资者的这种大逃离就像放空了木桶里的水，随着股票价格一路下跌，芒格很轻易地就能发现那些鱼：被低估的优质企业。

030

市场分歧

你要做的是寻找错误定价的赌局，这是投资的本质；你必须拥有足够多的知识，才能知道一场赌局是否定错了价格，这就是价值投资。

You're looking for a mispriced gamble. That's what investing is. And you have to know enough to know whether the gamble is mispriced. That's value investing.

当一只股票的价格与其公司未来的长期经济效益不同步时，这就构成了一场被错误定价的赌局。这种错误定价可能是过于积极的，这意味着股价太高，严重脱离公司的长期前景。错误定价也有可能是过于消极的，这意味着股价太低，与公司的长期前景明显不符。当股价开始下跌时，针对公司的长期市场前景就会从消极的方面对公司进行错误定价。股价越低，市场给出的错误定价就越严重。此时，你的胜算很大，是时候买进了。通过购买一家长期基本面良好但股价偏低的公司，你能够获得巨大的投资收益。为什么会出现这种错误定价现象呢？主要是因为共同基金和对冲基金这些机构目光太短浅，而它们是股市的主要参与者，并只关注公司股价在未来6个月的走势。相反，芒格只关心一家公司的潜在效益在未来10年的发展方向。正是这两者之间的差异造就了定错价格的赌局，芒格的买入时机也就此出现了。

031

离场

生活，在某种程度上，就像一场纸牌游戏。即使有时非常喜欢自己手中的牌，你仍然不得不学着放弃。你必须学会处理自己的错误及影响投资胜率的新变化。

Life, in part, is like a poker game, wherein you have to learn to quit sometimes when holding a much-loved hand—you must learn to handle mistakes and new facts that change the odds.

在投资住房抵押贷款机构房地美这件事情上，芒格对此深有体会。20世纪80年代，当伯克希尔·哈撒韦公司购买了房地美的股票时，它是一家从事抵押贷款业务的企业，经营良好，管理谨慎，利润丰厚。然而，随着时间的推移，房地美的管理层开始涉足新的业务领域，他们利用自己的政府背景，大举借入短期资金、购买长期债务，雷曼兄弟公司也正是因为这种经营模式而破产的。1999年，随着风险的急剧增加和房地美管理层态度的转变，尽管非常喜欢这笔投资，伯克希尔·哈撒韦公司还是选择了获利了结。2008 年，房地美被美国政府接管（这是一种破产形态）后，它原来的管理层被解雇，而与伯克希尔·哈撒韦公司出手时相比，其股价已经很微不足道了。芒格知道何时该持有、何时该放弃，以及何时该离开。

032

坐等投资法

买入并长期持有。这样，你将付出更少的经纪费用，听到更少的废话。另外，这种方法一旦发挥效用，税收制度每年还会赠送给你额外的 1%、2%，甚至 3% 的回报率。

Sit on your ass investing. You're paying less to brokers, you're listening to less nonsense, and if it works, the tax system gives you an extra one, two, or three percentage points per annum.

这是一个重要的投资理念。它判定最好的投资策略就是买入一家经济效益优异的企业的股票，然后多年持有它。试图预测市场趋势并频繁地买入和卖出的操作方式，与坐等投资法相比要拙劣很多。不断地买卖意味着不断被征税。如果一个人持有一项投资长达 20 年，那么只需要缴一次税，根据芒格的说法，这相当于每年额外增加 1% ～ 3% 的利润。虽然 3% 看起来并不多，但考虑一下这种情况：100 万美元的投资以每年 4% 的复利增长，20 年后是 2 191 123 美元；如果再加上 3%（4% + 3% = 7%），100 万美元的投资在 20 年后将为你带来 3 869 684 美元的收益。芒格知道，对于经济效益优异的公司而言，时间是投资者的好朋友；而对于普通公司而言，时间是对投资者的一种诅咒。

033

上涨的能量

如果你在股价被低估时买了一些股票，那么你就需要考虑在股价达到你所计算出的真实价值时卖出，这是非常困难的。但是，如果你购买了稀有的优质公司的股票，那你就可以静静地持仓等待，这是非常棒的事情。

If you buy something because it's undervalued, then you have to think about selling it when it approaches your calculation of its intrinsic value. That's hard. But, if you can buy a few great companies, then you can sit on your ass. That's a good thing.

在这节里，我们让读者较早地接触到这个理念，因为它非常重要，我们会在后面的章节反复提到。

格雷厄姆的投资方法是投资者先对公司进行估值，如果公司股价被低估则买入，然后等到公司股价反映出其内在价值时再卖出。其实，这种投资方式的回报并不理想，因为它主张，如果股价达到内在价值，无论是对于一般性公司，还是对于具有持久竞争优势的伟大公司，都要卖出它们的股票，这样也就错过了从公司持久成长中获益的机会。

芒格和巴菲特的投资理论是投资具有持久竞争优势的公司，因为它们的持续增长会不断提升公司的内在价值，投资时间越长，公司价值就越大。因此，一旦你购买了这些公司的股票，长期持有就成了最为明智的选择。因为越长时间持有这家公司的股票，股票就会越有价值，我们就越富有。

在伯克希尔·哈撒韦这家公司的成长史中，我们就可以印证这一点。在过去 50 年中，这家公司在 20 世纪 70 年代的平均市净率普遍小于 1，而它在 20 世纪 90 年代的平均市净率接近 2。如果以低于公司账面净资产的价格购买并以 2 倍于账面净资产的价格卖出，我们确实将会赚到一大笔钱，但是我们无疑将错过伯克希尔·哈撒韦公司在 2000—2016 年的价值提升，在此期间它的平均市净率超过 3。如果我们如芒格所说的那样选择了正确的公司，那么的确就可以坐享其成了。

034

胜率

当你有优势时再行动。你必须理解胜率，并且要坚持在胜率偏向于自己时再采取行动，这是一项准则。

Move only when you have the advantage—you have to understand the odds and have the discipline to bet only when the odds are in your favor.

这条建议听上去会与人们的直觉不符。为了理解这条建议，你需要理解一些芒格的投资史。在 20 世纪 60 年代，芒格和巴菲特都拥有自己的对冲基金。60 年代的美国股市走出了一波疯狂的牛市，所有股票都定价过高。巴菲特追随格雷厄姆的投资方法，一直购买价格被低估的“便宜货”，然而，在这个时期他发现价格被低估的股票基本不存在了。巴菲特选择坚持自己的投资策略，于是他清算了自己的对冲基金，把资金退给合伙人，并将自己大部分的财富转变成美国国债这样的现金等价物。

芒格继续投身于股市中，并享受着牛市带来的高收益。然而，在1973—1974年股市大崩溃期间，芒格及其合伙人的一半资金都化为泡影，他将这段经历称为自己人生中最糟糕的时光。与此同时，持有大量现金的巴菲特在股市崩溃后突然发现，很多伟大公司的股价都处于被低估的状态。现金充裕的巴菲特可以买到大量被低估的股票，而芒格却什么都买不了，因为他手上根本没有现金。当股市开始恢复后，芒格的回报率也开始恢复，他为合伙人赚回了之前损失的资金。不过，由于这段经历对芒格打击很大，所以他最终关闭了自己的基金。

芒格从这段经历中学到了什么呢？他认识到当股价上升时，投资的胜率开始远离投资者。当股价下跌时，胜率则偏向投资者。芒格也认识到，如果他在股市上升的时候满仓，股市一旦崩溃，他将没有资金进行新的投资，这一点就和胜率无关了。如果你没有资金进行新的投资，那你不可能赚到一分钱。

035

重仓

你应该记住，好的投资机会是罕见的。当你的赢面比较大的时候，那就下重注。

You should remember that good ideas are rare—when the odds are greatly in your favor, bet heavily.

对于大多数投资者而言，即使一次绝佳的投资机会躺在他们面前，他们也只是望而却步。这当然不能赚大钱了。什么时候我们的赢面比较大呢？当一些宏观经济事件导致股票价格暴跌时，芒格就会尽可能多地买进。记住，在芒格的世界里，当股票价格下跌时，形势会更加有利，当然前提是我们投资的是那些长期经济基本面良好的公司。在这种情况下，芒格建议我们下重注！

036

现金

致富的窍门是在你的往来账户里存 1 000 万美元，以备有好的交易出现。

The way to get rich is to keep $10 million in your checking account in case a good deal comes along.

芒格主张保留 1 000 万美元的现金，而伯克希尔·哈撒韦公司则保留了 720 亿美元的现金，以等待合适的交易机会出现。持有过多的现金余额，在最初往往会遭遇低回报率的困扰，但是一旦寻找到以合理价格出售的优秀企业，就会连续多年获得丰厚的回报。这是芒格投资方程中的一个要素，但是它总是被误读。为什么？因为大多数投资者无法想到这样一种投资策略，即常年坐拥大量现金并等待合适的投资机会。他们更无法想到这是一种能让他们变得超级富有的投资策略。

037

安全边际

出人意料的好事容易接受，而让人陷入困境的却总是出人意料的坏事。

Favorable surprises are easy to handle. It's the unfavorable surprises that cause the trouble.

心怀最好的期待并做最坏的准备。为最坏的情况做好的准备总是明智的选择。格雷厄姆提出的安全边际就是一种保护投资者免受最坏情况打击的投资方法。芒格认为，安全边际应当根据股票的价格和公司基本面决定：价格越低，安全边际越高；公司基本面越好，安全边际越高；而股价的升高和公司基本面的恶化都会导致安全边际变薄。如果我们用合适的价格持有一只基本面良好的股票，安全边际会保护我们在长期持仓过程中不会遭受重大损失。而基本面良好的公司无论是内生性增长，还是外延式增长都会带给我们出人意料的高收益。

038

投资的好时机

每个人都会遇到投资好公司的机会，如果抓住了机会，躺着都可以赚钱。

You do get an occasional opportunity to get into a wonderful business that's being run by a wonderful manager. And, of course, that's hog heaven day.

芒格相信，如果投资极有潜力的公司的机会来临，而没有果断把握机会，那就是一个巨大的失误。把握机会的关键在于当你遇到千载难逢的投资机会时，重仓出击。然而，困难也恰恰在此，投资人经常处于上下波动的股市中，对于大多数人来说，把握住这样的机会是很困难的。为什么？因为他们看到其他投资者一直在亏损，并受此影响而变得小心谨慎。当机会就在他们眼前时，他们也会因为惧怕而不敢投资。

另一种原因是人们可能在正确的时点没有充足的现金去投资。大多数投资基金都是满仓投资；它们没有储备任何流动资金，这是因为当市场上涨的时候，如果它们不满仓投资，现金会拖累它们的收益率，并导致客户离开。

因此，当市场发生波动时，投资经理也处于恐慌中。甚至就算他们想要买，也没有足够的现金去投资。每个人都好像处于同一艘正在沉没的船上，而投资经理的业绩看起来也跟其他人一样差。然而，芒格和巴菲特却发现船并不会真正沉没，因此现在是投资的好时机。

039

购买并持有

我们镇定下来，尽最大可能地利用好顺风和逆风，然后等待若干年后的结果。

We just keep our heads down and handle the headwinds and tailwinds as best we can, and take the result after a period of years.

当芒格以合适的价钱买入一家不错的公司的股票时，他知道最聪明的做法就是始终持有公司的股票，让其盈余不断叠加。这样公司潜在的内在价值就会增加，一段时间后公司股价就会上涨。伯克希尔·哈撒韦公司在 1988 年购买了可口可乐公司的股票，27 年后依然持有这些股票。1990 年，伯克希尔·哈撒韦公司首次购买美国富国银行的股份，后来不仅一直持有，而且还增持了股份。其间，可口可乐公司和富国银行的内在价值一直在增加，尽管经历了几轮牛市和熊市，这两家公司的股价却一直缓慢增长，从而反映出其内在价值的增加。如前所述，伯克希尔·哈撒韦公司于 1988 年在可口可乐公司的股票上所投入的12.99亿美元，其价值已经涨到了171.84亿美元，使该笔投资获得了10.04%的年复合回报率，这还不包括股息。伯克希尔·哈撒韦公司在1990年以2.89亿美元的价格买入了500万股富国银行的股票，由于股票分拆，现在它持有的股份已经涨到了4 000万股，股票总市值约19亿美元，年复合回报率达到了7.5%。

040

对估值进行逆向思考

如果别人不经常犯错，我们就不会这么富有。

If people weren't wrong so often, we wouldn't be so rich.

投资者对企业的估值往往是错误的，大多数时候，他们认为企业的价值远远超过它所能赚取的收入。然而，这种情况对我们没有意义。只有当他们做相反的事情时，才会出现对我们有利的机会。如果他们认为一家企业的价值远远低于它的长期经济价值，那么他们就会作出错误的估价，认为股价应当下跌。正是对下跌的错误判断，让芒格有了买进的机会。这是大多数投资者们在每 8 ～ 10 年都会干出的错事。

在过去 55 年里的主要衰退和股市崩溃时期，市场被严重低估了许多次，芒格和巴菲特正是利用了这种情况获得了投资机会。1962 年肯尼迪政府时期，股市暴跌，这给了巴菲特买入伯克希尔·哈撒韦公司股票的机会。在 1973 年至 1974 年的股市崩盘中，巴菲特购买了《华盛顿邮报》集团的股票。当美联储主席保罗·沃尔克（Paul Volcker）在1978年至1980年将利率上调至14%时，伯克希尔·哈撒韦公司正忙于购买通用食品公司、雷诺烟草公司和《泰晤士镜报》公司。1987年10月的股市崩盘让伯克希尔·哈撒韦公司有机会购买可口可乐公司的股票，且对可口可乐公司的加仓一直持续到1988年。1990年的银行业衰退使伯克希尔·哈撒韦有机会介入富国银行。到了20世纪90年代末时，互联网泡沫使科技股价格飙升，当时没人想要老旧的实体企业，而伯克希尔·哈撒韦公司却乘机收购了星空家具、乳品皇后、通用汽车和利捷公务航空等公司。当互联网泡沫破裂与“9·11”事件在2001年冲击股市时，伯克希尔·哈撒韦公司增持了H&R Block和穆迪公司的股票的头寸。2007—2009年的次贷危机以及随后的股市崩盘，为伯克希尔·哈撒韦涉足通用电气、哈雷－戴维森、美国银行和高盛的优先股或债务奠定了基础。到了2010年，随着股市开始复苏，伯克希尔·哈撒韦公司购入了伯灵顿北方铁路公司的股票，该公司的股价在2007年9月的股市崩盘中遭受了打压。为什么其他投资者都错了？他们目光短浅且充满了恐慌情绪，而芒格和巴菲特却在玩长期的游戏，他们知道自己在寻找什么。

041

指数基金

股市下跌是很正常的事情，但人们常常会因此感到很痛苦。避开这种痛苦的办法就是选择保守的投资或者收益稳定而不用期待奇迹出现的储蓄。当然，有人能够达到两倍于平均水平的回报率，但我没法教会其他所有人做到这一点，这的确是很难的事。

It is in the nature of stock markets that they go down. So people suffer then. Conservative investing and steady saving without expecting miracles is the way to go. Some people in this room can figure out how to average twice the rate of return. I can't teach everyone else to do it. It is pretty difficult.

超过股市平均水平很难，但并非不可能。这需要进行大量的研究才能实现。对于大多数人来说更容易且更安全的方法是，一直存钱并在熊市中买入指数基金，然后就这样持有下去。等他们退休的时候，他们可以根据需要卖出这些指数基金。不过，对于那些愿意投入时间和精力进行学习的人来说，股市是拥有着无限机会的“海洋”，它可以产生难以想象的财富。

04
投资机会

THE TAO OF
CHARLIE MUNGER

THE TAO OF CHARLIE MUNGER

由于卓越企业的价值是靠长期优势一点一滴积累起来的，而不是靠市场的冲动情绪鼓吹起来的，所以它带来的财富是持续的和牢固的。芒格认为，投资者应该基于长期持有的目的来投资，而这些卓越企业无疑就是最靠谱的选择。卓越企业普遍具有某些共同的基本标准，比如品牌、管理层以及运营资本等。投资者首先应该基于这些标准挑出值得投资的标的物，然后，耐心等待它们出现被错误定价的情况。

042

构建优异的投资组合

一次我在加利福尼亚遇到一位花花公子，他将自己所有的时间都花在酗酒和追电影明星上。银行客户经理对他的行为举止表达了担忧，而这位花花公子告诉银行经理："我拥有的市政债券不会酗酒犯浑。"

When I came out to California, there was this playboy and he spent all his time drinking heavily and chasing movie stars. His banker called him in and said that he was very nervous about his behavior. He told his banker, "Let me tell you something: my municipal bonds don't drink."

芒格用这则故事提醒我们，伯克希尔·哈撒韦公司拥有一些独特的商业投资组合。这些投资是芒格和巴菲特亲自挑选出来的，而他们看中的是这些公司出众的基本面以及杰出的管理层。即使芒格和巴菲特离开伯克希尔·哈撒韦公司，这些投资也会一直为伯克希尔·哈撒韦公司赚钱，并带领该公司驶向下一波大牛市。

043

狗屎

就算把葡萄干掺到狗屎里，你得到的还是一坨狗屎。

When you mix raisins with turd, you still have turd.

芒格在此谈的是收购其他企业的问题。如果一家好企业收购了一家垃圾企业，那么这种组合中的垃圾企业会把好企业的业绩拉下水。可口可乐公司曾经购买了一家电影制作企业，海湾与西方工业公司也购买了一家电影制作企业，这些都是“把葡萄干掺入狗屎”的案例。一个更典型的案例是，日本松下电器买进了一家电影制作企业；当然还有比这更典型的，加拿大施格兰酿酒公司居然也购买了一家电影制作企业。你看出其中的规律了吗？对那些伟大的企业来说，解决好资产中混合着垃圾资产这一问题的办法就是，把垃圾资产冲刷掉，其通常的做法就是把电影业务卖给其他身为“追星族”的 CEO。芒格这句话这样说可能更好：当我们把鱼子酱混到狗屎里时，我们尝到的依然是狗屎味。

044

溢价

以划算的价格投资一家优秀企业，比以便宜的价格投资一家普通企业，其结果要好得多。

A great business at a fair price is superior to a fair business at a great price.

好的，我们来看看如何用数字解释芒格这句话的意思。假设你有 10 万美元需要投资，并且存在两种投资选择，要么投资 A 公司，要么投资 B 公司。A 公司每股收益 1 美元，年增长率为 15%，市盈率为 20 倍，相当于每股 20 美元。也就是说，投资 10 万美元，你可以购买 A 公司的 5 000 股股票。B 公司每股收益也为 1 美元，但年增长率为 8%，市盈率为 10 倍，也就是每股 10 美元。那么，你投资 10 万美元，就可以购入 B 公司的 10 000 股股票。

第一眼看去，好像投资 B 公司更划算：每股收益 1 美元，每股股价 10 美元，市盈率仅为 10 倍。A 公司的每股收益同样为 1 美元，但市盈率有 20 倍，股价为 20 美元，相当于 B

公司的 2 倍。然而，如果我们把投资期拉长到 10 年，得到的结果就完全不一样了。

10 年后，在年增长率 8% 的前提下，B 公司的每股收益将增长到 2.19 美元。如果公司股价依然是其每股收益的 10 倍，那么其股价为 21.9 美元，而每股的投资回报为 11.9 美元。由于投资者持有 10 000 股 B 公司的股票，所以他投资 10 万美元获得的净回报为 11.9 万美元。

A 公司每股收益的年增长率为 15%，10 年后每股收益将增长到 4.05 美元。如果公司股价依然保持 20 倍市盈率，那么每股股价为 81 美元，而投资者每股投资的回报就等于 61 美元。由于投资者持有 5 000 股 A 公司的股票，所以他投资 10 万美元获得的净回报为 30.5 万美元。

A 公司的资产质量更优，但股价不便宜；B 公司资产质量一般，可是股价最初看起来相对便宜。然而，投资 A 公司却能比投资 B 公司多获得 18.6 万美元的利润。在遇到芒格之前，巴菲特通常会选择投资 B 公司。不过，在遇到芒格之后，巴菲特就全身心地开始寻找 A 公司这样的投资标的。投资者只要记住这句话："以划算的价格投资一家优秀的企业，比以便宜的价格投资一家普通企业，其结果要好得多。"这句话对芒格和巴菲特很适用，对其他人同样适用。

045

商业模式

在商业领域中，我们发现，胜出的系统通常都会在一个或几个变量方面处于极端水平，要么最大化，要么最小化，就像好事多超市的打折仓库。

In business we often find that the winning system goes almost ridiculously far in maximizing and or minimizing one or a few variables—like the discount ware houses of Costco.

好事多超市着重使运营成本最小化。它不提供购物袋，顾客需要自带袋子，或者使用商店提供的打包盒。这样每个顾客就能节省 2 ～ 5 美分的塑料袋成本、10 ～ 25 美分的纸袋成本。看起来节省得并不多，但是你要想想，好事多一年的销售额有 150 亿美元。如果平均每位顾客每次的消费额是 100 美元，那就意味着好事多每年平均有 1.5 亿次的顾客结账。如果每次结账用 3 个 10 美分的纸袋，单次结账的购物袋成本就有 30 美分，再乘以 1.5 亿的结账次数，一年下来的成本就有 4 500 万美元。如果结账时不再提供购物袋，好事多超市每年就能节省 4 500 万美元的运营成本。

政府雇员保险公司的做法看起来更不可思议。在很早的时候该公司就砍掉了保险代理人以及佣金，直接向客户销售保险产品。通过这种方式，政府雇员保险公司降低了成本，从而在产品的定价上有了更强的竞争力，并且还能维持盈利。

美国银行则作出极端决定，聚焦个人存款客户。这个客户群体长期以来被大型银行严重忽略了。由于加利福尼亚州的人口规模和财富都在增加，美国银行的个人存款客户的数量和存款金额也在增长。最终，美国银行成了今天美国规模最大的银行之一。与竞争者不同，伯克希尔·哈撒韦公司旗下的内布拉斯加家具城只从一家供货商购进大量家具，这样进货价就有很大的折扣，因此它的店铺所出售的沙发会比竞争对手更便宜，同时卖场还能有很高的利润。

伯克希尔·哈撒韦公司旗下的所有企业都有一个共同点，这些企业的管理者都想方设法把成本降到最低。就连伯克希尔·哈撒韦公司总部办公室也是一样，该公司没有公关部或者投资者服务部；在很多年里，该公司年报用的印刷纸都是最便宜的，且根本没有彩色照片。

046

管理层

一般来说，投资是对一家企业的品质的认可，与其管理层的素质无关。然而，在少数情况下，你也可以押注于优秀的管理者身上，即使他身处一个非常普通的行业。

Averaged out, betting on the quality of a business is better than betting on the quality of management…but, very rarely, you find a manager who's so good that you're wise to follow him into what looks like a mediocre business.

这让我想起了罗斯·格里克·布鲁姆金的卖场的故事。1937年，罗斯在内布拉斯加州奥马哈市成立了内布拉斯加家具城，随后，她逐渐将它发展成为全美最成功的家具卖场。在罗斯89岁时，伯克希尔·哈撒韦公司购入了其家具城90%的股份，同时让罗斯和她儿子共同管理家具城。5年之后，她与自己的儿子们发生争执，怒气冲冲地离开了家具城，并在街道对面开了一家新的家具城。对一家由几名商业天才掌控并运营的、营业额达数十亿美元的企业集团而言，一位

94 岁的女性能造成什么样的伤害呢？她迅速地夺走了内布拉斯加家具城大量的生意，并最终迫使伯克希尔·哈撒韦公司不得不花费数百万美元再次收购她的家具城。不过，这次他们让她签了一份竞业禁止合同。这个做法非常明智，因为直到 104 岁去世之前，每周 7 天，罗斯都会从家具城开门一直工作到关门。一般而言，投资应该押注于一家企业的品质而非管理层的素质。当然，如果你手上有罗斯这样的管理人才，那就另当别论了，假如真遇到了这样的管理者，你就应该把赌注全押上吧。

047

品牌

在投资喜诗糖果公司的时候，我们并没有意识到一个好品牌的力量。后来，我们发现这家公司每年提价 10%，而没有顾客会在意。这个发现也改变了伯克希尔·哈撒韦公司。这真的非常重要。

When we bought See's Candy, we didn't know the power of a good brand. Over time, we just discovered that we could raise prices 10% a year and no one cared. Learning that changed Berkshire. It was really important.

芒格认识到，有些商品的价格上升，但是需求不会下降。我们生活中购买的绝大多数东西都是商品，而它们是可以被替代的：从 X 屠宰场那里买来的一块牛排与从 Y 屠宰场那里买来的牛排是类似的；从一家加油站买的汽油跟从另一家加油站买的汽油也是一样的。因此，屠宰场之间或加油站之间的竞争都是以价格为基础的，它们很难提高价格。不过，由于有些产品的品牌已经在消费者心里占有一席之地，所以它们不再有任何直接竞争了。当芒格和巴菲特第一次发现这种公司的时候，他们称之为“消费者垄断型”公司。喜诗糖果就是“消费者垄断型”公司之一。喜诗糖果每年都是用同样的设备生产糖果，所以资本支出很少，再加上它的品牌已经在消费者的心中占有一席之地，因此它可以缓慢提价而又不会影响需求。通过提价，喜诗糖果能够获得更高的销售利润率，其卖出的每一粒糖果都能赚到更多的钱。这意味着喜诗糖果的产品价格可以与通货膨胀保持同步，而伯克希尔·哈撒韦公司的初始投资回报也会逐年递增。1972 年，伯克希尔·哈撒韦公司以 2 500 万美元的价格收购了喜诗糖果公司，当时后者的年净利润为 420 万美元。2007 年，伯克希尔·哈撒韦公司的年报显示，喜诗糖果为该公司赚了 8 200 万美元，这意味着其利率的年复合增长率达到 8.6%。2011 年，伯克希尔·哈撒韦公司的年报显示，在持有喜诗糖果的 40 年内，伯克希尔·哈撒韦公司从这笔收购中累计获得了 16.5 亿美元的投资净利润。

这个小小的发现却对伯克希尔·哈撒韦公司产生了巨大的影响，投资可口可乐公司就是这个发现的延伸。尽管可口可乐公司在定价上不如喜诗糖果那么自由，但是可口可乐公司也获得了某类消费者群体的偏爱，所以能够以通货膨胀的速度提价。伯克希尔·哈撒韦公司在1988年投资可口可乐公司的股票时，可口可乐公司的净利润为10.3亿美元。30年后，即2015年，可口可乐公司披露的净利润为73亿美元，增长了608%，相当于20.2%的年平均增长率、6.75%的复合年增长率。因为喜诗糖果，芒格和巴菲特最终发现了投资的“圣杯”：一家潜在价值持续增长的公司。要解锁这个价值宝藏，他们就需要尽可能长时间地持有该公司的股票。

048

运营资本

有两种企业：第一种利润率为 12%，你可以在年底取现。第二种利润率为 12%，但是所有的多余现金必须进行再投资，永远不能提现。这让我想起了一个人，他盯着自己的所有设备，然后说道："这就是我的全部利润。"我们讨厌那样的企业。

There are two kinds of businesses: The first earns 12%,and you can take it out at the end of the year. The second earns 12%, but all the excess cash must be reinvested—there's never any cash. It reminds me of the guy who looks at all of his equipment and says, "There's all of my profit." We hate that kind of business.

在芒格投资生涯的早期，他曾经投资过一家高科技企业，该企业主要的产品是用于科学实验的精密测量仪器。这家企业的销量很不错，但是每一分利润都会被再投入企业。幸运的是，芒格刚好在科技潮流发生变化之前卖掉了这家企业，当时他认为该公司的产品已经过时。在伯克希尔·哈撒韦公司投资纺织企业的时候，芒格也有相同的经历：经营好的时候公司能赚钱，甚至还小有盈余，但是经过一段时间后，这家纺织企业竞争心切，于是把赚取的每一分利润都再投入公司，以保持自身的市场地位。芒格投资的喜诗糖果恰恰相反，制作巧克力的锅具已经用了 50 年，依然不需要更换，而制作出来的巧克力年年都不变。这样的企业需要的资本支出很少，所以每年就有可能从企业的经营中分得利润，并再投资到其他企业中去。

049

扯淡利润

我想，每次你看到 EBITDA 这个词，你都应该用“扯淡利润”这个词来代替。

I think that, every time you see the word EBITDA, you should substitute the word “bullshit earnings”.

EBITDA 代表着“税息、折旧及摊销前利润”。芒格认为，利息、折旧和税收是必须支付的真实费用。利息和税收必须在当年支付。折旧是必须在未来支付的成本，比如，想想当厂房和设备需要更换时的情况。最终，资本成本才是关键。资本成本可以让在其他方面看起来很美好的“优质企业”瞬间露出其本来面目。根据芒格的说法，如果我们用 EBITDA 来判断一家公司的利润，那么我们对公司的真实利润的看法就是不切实际的。

050

败给趋势的意愿

从较长的时期来看，历史早已证明，就某种程度而言，任何企业要想依照股东的意愿存活下来，其概率都是很低的。

Over the very long term, history shows that the chances of any business surviving in a manner agreeable to a company's owners are slim at best.

大多数的企业最终都会发生变化，很多难免被淘汰，这种情况在制造业、交通运输业、通信业中很常见。伯克希尔·哈撒韦公司在20世纪60年代首次投资蓝筹印花公司时，后者还是一家非常不错的企业，但现在这家企业早已不存在了。当伯克希尔·哈撒韦公司在1993年投资德克斯特鞋业的时候，巴菲特还向股东们宣称："现在制鞋企业再好不过了。"当时确实如此，但后来由于德克斯特鞋业的制造地在美国，无法与劳动力成本低廉的其他国家的制造商竞争，最终被淘汰了。《华盛顿邮报》曾经是美国影响力最大、利润最高的报社之一，但是仅仅10年过后，互联网的兴起就摧毁了这家传统报社的商业模式。

1960年以来，已经有40多家汽车制造商退出了市场。你还记得德罗宁汽车、埃德塞尔汽车或者萨博汽车吗？这些制造商都去了天堂废弃车场，彻底消失了。

051

技术的正反面

微观经济学最重要的课程就是，区分技术何时会帮助你、何时会杀死你。

The great lesson in microeconomics is to discriminate between when technology is going to help you and when it's going to kill you.

新技术可能会损害某种现有的商业模式，也可能会提高这种商业模式的盈利能力。

我们应该问的第一个问题是：新技术会对现有的商业模式构成威胁吗？这就像汽车取代了马车，电话取代了电报，电脑和打印机取代了打字机。

下一个问题是：新技术会不会增强这种商业模式？这个问题有点复杂。一家公司是否会受益于技术变革，取决于其业务类型。

如果你经营的是商品型业务，而你经营的产品或服务也由一些其他的公司在提供，那么任何降低成本并提高利润率的技术突破也都将可能会被你的竞争对手采用，这就意味着你将失去这项技术提供的任何竞争优势。更糟糕的是，你的一些竞争对手可能会因为新技术降低了成本，进而主动降价以获取更大的市场份额。

举个例子，比如新技术 XY 将为我们的公司节省 10%的成本，这是一件好事。我们的竞争对手也购买了新技术 XY，并节省了 10%的成本。现在两家公司都取得了领先地位，并节省了 10%的成本。然而，如果我们的竞争对手在某一天早上醒来后，决定将 10%的成本优势转化为 10%的价格优势，以此来增加他的市场份额，那么我们也必须把价格降低 10%，否则我们将会失去我们的市场份额。因此，当这一天结束时，在存在很多竞争对手的商品型行业中，只有客户才能从新技术中获利。

如果一家公司在特定的市场环境中具有持久的竞争优势，那么它就不存在竞争对手。有了这样的业务，新技术所节省的 10%的成本就不会因为竞争对手为争夺市场份额所采取的降价措施抹杀。举个例子，如果可口可乐公司开发出一种新技术，可以将每瓶产品的生产成本降低 10 美分，那么它所节省的成本几乎都将转化为利润。即使百事可乐开发出相同的技术并降低其产品的价格，但历史数据已经表明，人们仍然会购买稍贵的可口可乐。显然，可口可乐在消费者心中占据着一席之地，深得消费者的信任并拥有很强的忠诚度。具有持久竞争优势的公司在其商品型业务上的优势之一便是，它能够利用新技术降低实际成本并提高利润率。

052

行业竞争

伯克希尔·哈撒韦公司投资通用汽车是因为我们中的某一位年轻人对其钟爱有加。年轻时期的巴菲特也是这么敢想敢干，事实就是这样。通用汽车可能最终会受到美国联邦政府的保护，并且很可能成为一个很好的投资项目。不过，汽车行业的竞争程度是最激烈的，每个厂家都能够制造出品质优良的汽车。它们有着相同的供应商，并且汽车会一直存在。正因为汽车行业具有类似大宗商品的特点，所以我认为汽车制造业是不值得投资的。

Berkshire is in GM because one of our young men likes it. Warren, when he was a young man, got to do whatever he wanted to do, and that's the way it is. It is true GM may be protected by the federal government in the end, and it may be a good investment in the end, but the industry is as competitive as I've ever seen. Everyone can make good cars, they have the same suppliers, and cars last forever. It just has all these commoditized features. So I don't think the auto industry is the place to be.

近年来，伯克希尔·哈撒韦公司的投资组合有一个令人难以理解的地方，那就是为什么它要投资通用汽车？汽车制造业是一个竞争激烈的领域，经常面临价格战，尽管通用汽车的确赚了很多钱，但它在某一段时间也承受了巨大的亏损。在写于1996年的《巴菲特投资理念》（*Buffettology*）一书中，笔者曾谈到通用汽车生产的是一种类似大宗商品的产品，但这类产品从未给投资者带来任何回报。通用汽车公司的历史有繁荣，也有衰败。2007年通用汽车公司面临破产，亏损达380亿美元。随后，在2008年，它又亏损了300亿美元。2009年，当通用汽车申请破产保护时，它的净资产仅有820亿美元，而债务高达1 720亿美元，900亿美元的债务缺口使得股东的收益化为乌有。美国联邦政府向一家新机构投资500亿美元，而这家新机构则购入了通用汽车的部分资产。2015年新通用汽车的盈利达到了96亿美元，总资产为1 940亿美元，总负债为630亿美元，净资产达到1 310亿美元。如今，通用汽车看似成了一家全新的企业，但有一件事仍未改变：它仍然在高度竞争的行业中生产着类似于大宗商品的产品。伯克希尔·哈撒韦公司的一名新投资经理可能认为该公司不失为一个不错的长期投资标的，但芒格仍然坚持认为汽车制造业并不是一个好的选择。

053

市场规模

几十年来，可口可乐一直是一种含糖量很高的普通产品，产量每年都会增长。现在，全糖可口可乐的销量在逐渐减少。幸运的是，可口可乐公司有庞大的业务构架。虽然可口可乐的销量在下滑，但公司的其他业务在增长。我认为可口可乐公司很强大，并且未来仍然会做得很好，就像在桶里捕鱼那样。

Coke for many decades has been a basic product full of sugar, and it grew every year. Full-sugar Coke is now declining. Fortunately, the Coca-Cola Company has a vast infrastructure. Coca-Cola is declining some, but the rest of the businesses are rising. I think Coke is a strong company, and will do very well. It's still like shooting fish in a barrel.

可口可乐公司的含糖类软饮料的销量下滑是财经媒体的热门话题，同时也是爱唱反调的人在看到伯克希尔·哈撒韦公司的投资组合后首要关注的事情。的确，含糖类软饮料的销量未能像过去那样增长迅速了，这是事实。不过，可口可乐公司在苏打饮料和果味饮料方面拥有500多个品牌，遍布在200多个国家，其每天的饮用量和销售量达到19亿份。可口可乐公司拥有充裕的现金，可以在全球范围内收购每个国家最受欢迎的软饮料品牌。随着世界人口的增长，可口可乐的消费者数量也在增加。1970—2016年，世界人口花了46年时间实现翻倍；如果46年后人口再次翻倍，那么可口可乐公司可以轻松使其500个品牌的产品销量翻倍。双倍的销量，也意味着双倍的利润。2015年，其每股利润是1.67美元，因此，我们可以认为在2062年，其每股利润将达到3.34美元，这等同于每股回报的年增长率是2.17%。随着每股回报的增长，其股价也会增长。如果基于目前3.24%的股息率来看，那么我们将实现5.41%的年复合回报率。这还没有考虑因股票回购而增加的每股回报、新的并购机会以及新增加的股息分配。可口可乐公司在过去的39年间经常使用这几种方法。在一个负利率的世界中，可口可乐公司仍然是一个非常棒的投资标的。

054

决策的难易程度

一家好企业和一家坏企业的区别在于，好企业总会产生一个又一个很容易作出的决策，而坏企业却总要作出痛苦的决策。

The difference between a good business and a bad business is that good businesses throw up one easy decision after another. The bad businesses throw up painful decisions time after time.

芒格和巴菲特一生都在投资和收购企业，而在这个过程中，他们也吸取了很多教训。他们都曾经购买过几家差的企业：一家百货商店、一家风车制造厂、一家纺织厂以及一家航空公司。为什么这几家企业不是好企业？因为这些企业所属的行业竞争激烈，互相打价格战，因此利润被不断压缩，现金流也损耗严重，且其长期存活概率不断下降。不过，芒格和巴菲特的教训也让我们有了收获。现在我们认识到，投资的秘诀在于，要寻找有持续竞争优势、能按照自身意愿提升产品价格的好公司。只有这样的公司才能持续保持高利润率，并产生大量的自由现金流。依靠自由现金，投资者则可以继续寻找下一个投资机会。

055

激励机制

在所有公司中，联邦快递的激励措施是我最喜欢的。该公司的系统核心是在半夜把所有的飞机聚集到同一个地方，货物在飞机之间进行搬运，这保证了货物运送的完整衔接。如果延迟，整个操作就没有办法把货物顺利地发给联邦快递公司的客户。然而，联邦快递过去总是搞砸，从来就没有做到按时交付。联邦快递尝试了所有办法，比如做思想工作、威胁等，都没有效果。最后，有人想到一个办法，即所有工人不按小时付费，而是按搬运次数来付费，只要货物搬运完毕，工人即可回家。很快，问题就解决了。

From all business, my favorite case on incentives is Federal Express. The heart and soul of their system—which creates the integrity of the product—is having all their airplanes come to one place in the middle of the night and shift all the packages from plane to plane. If there are delays, the whole operation can't deliver a product full of integrity to Federal Express customers. And it was always screwed up. They could never get it done on time. They tried everything—moral suasion, threats, you name it. And nothing worked. Finally, somebody got the

idea to pay all these people not so much an hour, but so much a shift—and when it's all done, they can go home. Well, their problems cleared up overnight.

芒格在这里说的正是激励措施的问题。所有按小时获得薪资的人都知道，如果工人按小时计酬，他们的工作效率比按工作量计酬的要低。为什么？因为如果是按照小时来付费，他们有动机为了挣更多的钱而让工作时间变长，从而使工作效率降低。联邦快递努力将管理目标和员工激励保持一致。按小时付费时，公司员工从不着急，而如果按特定的任务量来付费，比如给飞机装载货物，那么他们会快速行动起来完成工作。该激励措施的核心是不再按任务或班次来支付工人报酬，而是只要完成任务就可以早回家，并且能够拿到全部的工资，这可以认为是一种财务奖励。

056

资产负债表

美国国际集团很像通用电气公司。它是一家运营得非常成功的保险机构，并演化出了一种套利经营模式，即以低价融入大量资金，再以高价投资出去。美国国际集团作为一家大型运营商，与通用电气集团下属的通用信贷公司有很多相似之处。我们从未投资过这两家公司，因为即使最优秀、最明智的人在面对依靠贷款而不断膨胀的资产负债表时，也会变得不安。借入如此巨额的资金，确实让我感到担忧。

AIG is a lot like GE. It is a fabulously successful insurance operator, and with success it morphed into a massive carry business—borrowing a lot of money at one price and investing it at another price. AIG was a big operator that was a lot like GE Credit. We never owned either because even the best and wisest people make us nervous in great big credit operations with swollen balance sheets. It just makes me nervous, that many people borrowing so many billions.

结果证明芒格是对的。在2007年至2009年间，这类套利交易业务几乎使美国国际集团和通用电气公司破产。2015年，通用电气公司开始出售其金融业务。只要能不停地以低利率融入短期资金，再以更高的利率长期借出去，就能轻松赚取大量利润。然而，如果融入短期资金的利率高于贷出长期资金的利率，或者银行家们决定不再展期短期贷款，那么这一切就会像纸牌屋一样崩塌。通用电气公司在付出了巨大代价后才意识到这一点，这也是为什么通用电气公司现在在祈盼自己的金融业务能够一切顺利的原因。

057

企业文化

用一种方法解决所有的问题是行不通的，适用于梅约医学中心的文化在好莱坞的电影公司不一定行得通。世界上没有能够解决所有问题的万能钥匙。

"One solution fits all" is not the way to go...The right culture for the Mayo Clinic is different from the right culture at a Hollywood movie studio. You can't run all these places with a cookie-cutter solution.

就组织结构、管理层与员工之间以及企业与用户之间的互动机制，芒格表达了上述的看法。经验让他意识到，任何企业都是独一无二的，适合某一家企业的组织结构不一定适合另一家企业。当伯克希尔·哈撒韦公司购买一家企业时，除非迫不得已，它通常会将其现存的企业文化完整保留下来。伯克希尔·哈撒韦公司的管理人员终身都在同一个部门或子公司工作，其保险业务部门的优秀管理人员从来没有被调离到铁路公司去任职，反之亦然。然而，通用电气这样的公司常常派遣某部门或子公司的优秀管理人员去完全陌生的业务部门或子公司。芒格认为，伯克希尔·哈撒韦公司这种不愿意将优秀管理人员调来调去的模式，恰恰是这家特别不起眼的纺织商最终在规模上超越通用电气的原因之一。

058

专注度

即便是最好的银行也可能随波逐流，犯一些愚蠢的错误，但我认为富国银行在如何应对这些错误方面会做得很好。

Even the best banks drift with the times and do stupid things, but I suspect Wells Fargo will face up to it better.

芒格在这里想要表达的意思是，富国银行也会像其他银行一样犯愚蠢的错误，只不过频率没有那么高。与花旗集团曾犯过的错误相比，富国银行即使犯错误，其损失也没有那么大。这也提醒我们要把注意力放在银行的整体管理水平、诚信以及业务专注度上来。富国银行的衍生产品敞口总额为5万亿美元，与摩根大通的63万亿美元、花旗集团的60万亿美元以及高盛的57万亿美元相比，这就很微不足道了。如果遭遇下一次金融衍生品市场暴跌，富国银行则可能是唯一一家屹立不倒的大银行。

059

总体规划

在伯克希尔·哈撒韦公司，我们从来不会有总体规划。任何想要做总体规划的人都会被解雇。因为总体规划考虑的只是制订过去的情况，而不会考虑新的现实情况。我们希望员工能够关注新信息。

At Berkshire there has never been a master plan. Anyone who wanted to do it, we fired because it takes on a life of its own and doesn't cover new reality. We want people taking into account new information.

商业世界是一个动态变化的世界，就如战场一样，瞬息万变。把总体规划应用到动态变化的场景中，19 世纪普鲁士军事思想家克劳塞维茨对此的说法无人能够超越。他曾写道："战争是对立双方的相互作用。我和我的敌人相互影响。没有一项战争计划能够延续到与敌人的第一次交锋后。"笔者还非常喜欢普鲁士陆军元帅赫尔穆特·冯·毛奇（Count Helmuth von Moltke）伯爵的说法："每一场大型战役都会在物质和精神层面上产生深远的影响，从而使局面发生根本性变化，而这正是采取新措施的基础。”没有人能够保证，任何作战计划在第一次与敌人主力部队交锋后仍然适用。只有门外汉才会假设战役会严格按照事先预设的每一个细节展开。

这并不是说一个人不应该有计划地解决具体问题。我们应该有计划，但应听取芒格的建议，制订计划时要将发展过程中的新情况考虑在内。对制订计划的人而言，为一家公司制订接下来10年的总体规划是不现实的，并且这样的计划也不值得我们花费时间和精力。简单地计划并根据事情发展进行优化，这将获得更好的结果。每当想到“总体规划”，我都会想起内布拉斯加家具城的创始人罗斯夫人。在回答一个关于经营计划的问题时，她以其浓重的俄罗斯口音说道：“是的，廉价销售，实话实说。”她真是一个商业天才。

060

去中心化

伯克希尔·哈撒韦公司的组织架构是怎样的？纵观世界历史，我认为没有哪家公司的组织架构像伯克希尔·哈撒韦公司这样去中心化。

How is (Berkshire) organized? I don't think in (the) history of the world has anything Berkshire's size (been) organized in so decentralized a fashion.

芒格和巴菲特对大型企业集团领域做出的独特贡献就是打破了协同效应。无论发生什么事情，伯克希尔·哈撒韦公司的子公司的负责人都有足够的自由在任何时间与任何人开展合作，哪怕合作方是另一家子公司的竞争对手。和大多数的大型企业集团不同，伯克希尔·哈撒韦公司并没有给各家子公司分配指标，或者强制它们完成总部的要求。在伯克希尔·哈撒韦公司，子公司的CEO主导自己的公司，并设定目标。伯克希尔·哈撒韦公司的企业文化在这方面也是独一无二的，因为伯克希尔·哈撒韦公司不会急着将效益不佳且前景黯淡的子公司抛售，而是坚持长期经营，直到它寿终正寝的那一天，正如伯克希尔·哈撒韦公司旗下的纺织工业一样。伯克希尔·哈撒韦公司旗下没有任何一家全资子公司是因为效益差而被抛售的，这一点与通用电气的CEO杰克·韦尔奇正好相反。这种去中心化的策略实则解放了伯克希尔·哈撒韦公司各子公司的经理，而这些经理是知识最全面的人，他们努力使得业务与经济大环境相适应，而不是被一个不懂业务的总部所束缚。这同样也让芒格和巴菲特规避了大型公司的官僚主义所带来的高昂的财务成本和低效率。有时，少操纵反而能得到更多。

THE TAO OF CHARLIE MUNGER

PART 3

查理·芒格对经济基本面的思考

05
金融体系

THE TAO OF
CHARLIE MUNGER

美联储向市场注入了大量流动性以维持就业，而这为投机活动提供了肥沃的土壤。美国的金融自由化动向放纵了金融机构利用他人的资金进行冒险的举措。当泡沫破裂时，政府的托底行为又等于赦免了金融机构的罪恶，从而造就了“大而不倒”的惯例。芒格认为，美国金融机构逐渐演变成了严重威胁市场稳定的不安因素，除非美国政府能够强化监管，否则金融危机的危害性将越来越严重。

061

不降低标准

当你不降低金融领域的工程标准时，整个世界就会变得更好。我们就差一根头发丝的距离幸运地躲过了一场灾难……我很喜欢那些带我们度过危机的人，非常不喜欢那些导致危机的人。他们中的有些人就应该下十八层地狱。

The whole world is better when you don't reduce engineering standards in finance. We skipped a total disaster by a hair's breadth...I'm a big fan of the people who took us through the crisis. I'm not a big fan of the people who caused the crisis. Some of them deserve to be in the lowest circle of hell.

芒格所讲的是 2008 年金融体系濒临崩溃的事。建造一座桥时，工程标准要求这座桥能够承受比往常多几吨的重量。这就为大桥创造了安全边际，以确保它不会坍塌。在银行领域，这个安全边际的衡量标准就是一家银行的债务权益比率。比率越低，银行在危机中越不容易破产。比率越高，银行越容易在危机中破产。金融领域的工程标准要求银行保持非常低的债务权益比例，以确保他们能够经受住金融市场的波动。然而，2007 年华尔街各家投资银行的做法却恰恰相反，它们的债务权益比例达到了历史峰值。一些银行的资产负债表上平均每 1 美元权益支撑着 38 美元的债务。当大萧条来袭时，很多银行在一夜之间就轰然倒塌了。

062

金融健忘症

在金融方面的健忘症患者要远多于在性方面的健忘症患者。

There is more dementia about finance than there is about sex.

这句话是非常真实的。当代的金融灾难在一两年内几乎完全被遗忘。这一点可能的原因是，投资业务的回报取决于对未来的预期，而不是缅怀过去。正因为如此，大多数金融机构注定要重蹈覆辙。

芒格明白这一点，并依靠公司的股票价格来判断自己是否处在牛市的末期。如果市场泡沫即将破裂，他就会持有大量现金储备以等待泡沫破裂后的买入机会。他不必预测市场泡沫何时会破裂，他只需要为未来几年市场持续下跌做好准备就行。当价格越来越高时，价格因素阻止了他买入股票，这意味着伯克希尔·哈撒韦的现金开始增加。芒格放弃了从牛市的最后阶段获利的机会，这样能够在泡沫破裂的时候去做更大的投资。然而，大量的投资基金却无法做到这一点，如果它们错过了牛市最后阶段的利润，其出资人就会把钱收回去投向别处。

我记得，在伯克希尔·哈撒韦公司1998年年度股东大会上，股东们一个接一个地提问道："为什么芒格和巴菲特没有投资任何东西？"市场上一切东西都在上涨，而芒格和巴菲特只是坐在那里反复回答着："股票价格太高了。"当2000年股市泡沫破裂时，每个人都在寻找弥补损失的方法，而他们却开始了全力出击。2008年，他们做了同样的事情。我们要如何判断股市是否过热呢？那就是当金融媒体开始发表关于芒格和巴菲特如何失去赚钱本领的文章时。

063

华尔街的膨胀

与过去任何一个时代相比，知识分子中有更大比例的人在从事买卖证券以及促进交易活跃度的工作。我目睹的很多情况都会让我想起索多玛与蛾摩拉。你任由这些活动自发进行，就会引发嫉妒和相互模仿。过去每当发生这种情况时，其结果往往是非常糟糕的。

We have a higher percentage of the intelligentsia engaged in buying and selling pieces of paper and promoting trading activity than in any past era. A lot of what I see now reminds me of Sodom and Gomorrah. You get activity feeding on itself, envy and imitation. When it happened in the past, there were bad consequences.

2007 年的华尔街与索多玛和蛾摩拉很相似。伴随着次级贷款的泛滥，员工获得了丰厚的奖金，各种派对开始越来越狂野，独栋别墅和昂贵的跑车成了额外的待遇。不过，最为罪恶的是他们把次级贷款打包，然后包装成 3A 级债券，再出售给毫无戒心的、渴望财富的普通百姓。在《旧约》的故事中，上帝毁灭了索多玛与蛾摩拉，以惩罚其居民所犯下的恶行。在我们的故事中，上帝相当于美联储前主席本·伯南克和美国前财政部部长汉克·保尔森，不过这两个人却反过来在这些罪人堕入深渊之际把他们救走。有时候拯救这些罪人比让整个国家与这些罪人同归于尽要好，特别在你恰好是这些罪人中的一个的时候。

064

大萧条

你从未想要做促使经济崩溃的事情，但糟糕的事情就是发生了。

You don’t ever want to do anything to push an economy to collapse. Terrible things result.

芒格经历过20世纪30年代的大萧条，而这对于现在的大部分美国人而言，只是一段遥远的记忆以及历史书上的几页介绍。世界各地的数百万失业者，以及后来让许多国家花了数十年才完全恢复过来的毁灭性的打击，这一切都被人们遗忘了。那时究竟有多糟糕，我们不妨参考如下的数据：在2007年到2009年的经济衰退期间，全球GDP下降了1%，而在大萧条中，全球GDP下降了15%。大萧条期间，美国对外贸易额下滑了50%，农作物价格下降了60%，失业率上升了25%。欧洲经济遭受到的冲击是如此严重，以至于许多国家对民主体制失去了信心，并进而导致了法西斯的崛起。当时，欧洲许多国家的民众绝望地废除了看似不可能废除的制度。

大萧条所带来的结果最终引发了第二次世界大战，从而将欧洲和世界其他地区带入无法想象的毁灭与死亡的恐怖中。芒格经历过那段岁月，他清楚地意识到，一个国家向地狱的堕落一定是源于其经济的崩溃，而如果一个国家的政治体制无法掌控自己的金融系统，那其国民最终会把权力交到能够掌控金融体系的独裁者手中。

065

失控的银行家

我认为，银行家们根本无法控制他们自己。他们仿佛沾染了毒瘾。

I do not think you can trust bankers to control themselves.They are like heroin addicts.

沾染毒瘾不仅会毁掉自己，还会摧毁整个家庭。同样，银行家不但会毁掉自己，还可能损害美国的经济。银行家受托管理着其他人的巨额资金，本应采取保守的投资策略，但他们通常会用这些资金借入更多的资金，放大杠杆，披着“投资”的外衣进行赌博投机。他们敢于这样做的原因是，一旦赌赢了，他们就会获得数百万美元的薪水和奖金。为了达到这个目的，他们不断告诉美国公众不要担心杠杆问题，因为银行有专业的风险管理人员，这些杠杆完全在他们的控制之中。当2007—2009年的次贷危机爆发时，正是这群专业的风险管理人毁掉了华尔街的各大银行。唯一能够阻止银行过度加杠杆的方法就是美国政府对银行施加严厉监管，而银行却一直对此非常抗拒。2014年，仅摩根大通就花费了620万美元游说美国国会。当年，各家商业银行合计花费了6 000万美元游说国会。它们到底为了反对什么而进行游说呢？答案显然是政府对银行业的监管。芒格想表达的观点是，有非常多的银行家都已经迷上了杠杆和投机，这是它们追求财富和权势的命脉。

066

金融巫术

总的来说，我不是很认同金融学教授的观点，因为这是一个很神秘的领域。

By and large I don’t think too much of finance professors. It is a field with witchcraft.

除了沉迷于无聊的分散化理论之外，金融学教授的主要问题在于他们宣扬的有效市场假说。这些理论原则上都认为市场是有效的，所以没有人能够战胜市场，而投资者最终注定只能获得平均收益。金融学教授完全忽略的是，从长远角度看，当短视的“有效”股票市场由于忽视了企业的长期经济表现而出现错误定价时，它在个别公司身上就会表现出“无效”的局面。金融学教授从来没有像芒格一样研究过群体生物学，他们很难理解多重策略之间会互相影响，以至于市场其实是部分有效的。

让我给你举个例子：当出现股市恐慌的时候，随着前景逐渐黯淡，绝大多数投资者都纷纷逃离，以寻求现金的安全，从而导致股价下跌。如果目光短浅，就会认为市场对手头信息的反应是有效的。然而，当投资者都涌向出口时，市场“无效”的一面就会表现出来并导致股价下跌，以至于低于公司的长期经济价值。为什么市场总是会错估了股票价格？或许在恐慌时刻投资者不再关心企业的长期价值，抑或就是投资者看不到它们长期的经济价值。当芒格和巴菲特买可口可乐公司和富国银行的股票时，在这两家公司身上就出现了这样的情况。

在过去的几年里，芒格和巴菲特已经改进了他们的投资策略，包括持有大量现金储备，只瞄准具有持久竞争优势的公司等。然而，他们提出的长期投资策略主要受益于其交易对手采用的那些短期有效，但从长期来看会出现短暂失效的投资行为。芒格打败了平均定律，并证明了金融学教授和他们的学院是错误的，而他正是基于本节的内容做到这一点的。

067

银行监管

银行不会自愿地约束自己，它们需要成熟的监管体系。

Banks will not rein themselves in voluntarily. They need adult supervision.

芒格一直认为美国国会放松对银行业的管制是非常愚蠢的。1933 年颁布的《格拉斯 – 斯蒂格尔法案》将投机的投资银行业务和保守的商业银行业务分开，从而引领美国进入了繁荣时期，芒格经历过这个过程。因此，芒格认为，1999 年美国政府废除《格拉斯 – 斯蒂格尔法案》是在银行系统中埋下了祸根。废除该法案意味着商业银行可以做投行类业务，也就是可以用存款进行投机交易。2007—2009 年的金融危机向世界证明，芒格的观点是正确的：废除《格拉斯 – 斯蒂格尔法案》是美国国会做过的最愚蠢的决定之一。

068

大而不倒

没有倒闭的资本主义就像没有地狱的宗教。

Capitalism without failure is like religion without hell.

当美联储前主席本·伯南克和美国前财政部部长汉克·保尔森判定高盛、花旗、美林以及美国国际集团已经“大而不倒”时，其实是在告诉全世界，美国政府是不会让这几家金融机构破产的。如果华尔街银行不用担心破产，那么它的管理人员就可以放心大胆地在自己的业务上加杠杆，并利用存款人和股东的资金进行投机。通过为这些金融机构编织一张由政府提供援助的安全网，美联储为下一次金融恐慌与危机奠定了基础。不过，即使乌云密布但仍有一线希望。因为当经济危机造成股市大动荡时，一些投资者就会急于离场，而在这种恐慌的时刻，一些从长期看基本面很好的股票将会以很低的价格被卖出。正如我们前面所说的，在2007—2009年的银行倒闭浪潮中，就出现了买入富国银行的绝佳时刻，而这个时候芒格果断入场。有时候，在一个人看来如地狱般糟糕的事情，在另一个人看来却可能如天堂一样美妙，特别是当好公司的股票被贱卖的时候。

069

合法化抢劫

人们一直认为放任一群掠夺成性的人做自己想做的事情才是自由市场。其实并不是。这只是合法化抢劫，而且是非常愚蠢的。

People really thought that giving a predatory class of people the ability to do whatever they wanted was free-market enterprise. It wasn't. It was legalized armed robbery. And it was incredibly stupid.

如果说得温和一点，我们认为芒格的意思是，美联储前主席格林斯潘和美国前财政部部长罗伯特·鲁宾是20世纪90年代后期推行银行业“去监管化工程”的两大主要的设计师，而他们的做法完全错了。他们是自由市场的主要倡导者，而正是自由市场导致了2008年金融危机的爆发，并且使华尔街几乎所有的大型投资银行都笼罩在倒闭的阴霾中。不过，芒格的真正意思是，就他们而言，主导银行的“去监管化”是非常愚蠢的。为什么？因为不受监管的银行和保险机构的内部管理层有很大的动机加大杠杆，也就是借更多的钱来进行高额的投机交易。如果投机成功，银行的管理团队将获得数千万美元的奖金；如果投机失败，数十亿美元的损失则由股东和存款者来承担。如果几家大型银行同时破产，就有可能导致整个经济崩溃。历史一再向我们证明，唯有政府监管能够阻止银行家滥用杠杆、用他人的钱甚至整个国家的经济健康运行来做赌注。

070

数据迷宫

对于错综复杂的事情而言，诡计与错误总是相伴相生……对于金融机构，包括由政府运营的信贷公司，这是亘古不变的事实。在这个世界里，你不能期盼金融公司为你提供准确的数据。

Where you have complexity, by nature you can have fraud and mistakes...This will always be true of financial companies, including ones run by governments. If you want accurate numbers from financial companies, you're in the wrong world.

金融公司究竟可以复杂到什么程度呢？芒格说，即使在金融公司倒闭的前一天，你也无法判断这家公司是否已经误入歧途。以雷曼兄弟为例，一年之前，它的股价是65美元，并在华尔街广受赞誉；一年之后，它却加入了破产者的队列。保险巨头美国国际集团和伟大的投资银行美林证券也同样如此，仅仅在一年之前，它们还被赞誉为世界上最稳健的金融公司；一年之后，它们却成了政府门前的乞丐。这种情况是如何发生的呢？即使是在监管机构和投资分析师的窥探之下，衍生品依然隐藏着大量风险。对于美国国际集团来说，它不可能检测其持有的所有关于次级抵押贷款的信用违约互换协议，因此它从未预留任何准备金来弥补可能出现的损失。这意味着该公司的风险敞口根本不为投资者所知。你可能已经读了 100 次雷曼兄弟的年报，却从未意识到它借入了数千亿美元的短期贷款，并将这些钱作为长期贷款为次级抵押贷款融资，然后再以次级抵押贷款作为抵押，以获得更多的贷款。一家商业银行可能会利用衍生品在外汇市场上大量投机，但是会计规则却有其死角，直到我们在财经媒体上看到这家公司损失了数亿美元，被隐藏的事实才浮出水面。芒格看待金融公司的原则其实很简单：虽然“金玉其外”，但很可能“败絮其中”。

071

量化模型

聪明的人毫无例外都因为过度自信而在职业领域遭遇过重创。

Smart people aren't exempt from professional disasters from overconfidence.

芒格的这句话主要是针对长期资本管理公司的倒闭而说的。长期资本管理公司是华尔街著名债券交易员约翰·梅里韦瑟（John Meriwether）在20世纪90年代末设立的对冲基金。梅里韦瑟汇集了华尔街和学术界最聪明的人才，包括数学和经济学博士，甚至有几位是诺贝尔奖获得者。这些耀眼的高手们设计了一种策略，那就是用非常高的杠杆来投资债券和衍生品，如果顺利的话，他们能够借助合伙人的资本获得不可思议的高回报。这个策略的问题在于，潜在的损失也是灾难性的。梅里韦瑟认为，债券息差的交易策略可以保护公司自身。这种策略会衡量类似债券之间的历史价差，比如分别在1月和3月到期的美国国债的收益率差额。如果1月和3月到期的美国国债之间的利差与历史平均水平相比大幅下降或上升，长期资本管理公司将买入一个并卖出另一个，他们押注于未来某一时刻利差会缩小，因为这些债券在本质上是相同的，而且它们之间的利差确实总是会如此变化。长期资本管理公司在一笔交易中通常可以赚 1% 甚至更少的收益。这可能看起来不是很多，但是 1 240 亿美元的资本增加 1%，就相当于 12.4 亿美元的利润。每年做几笔这样的交易，就可以为股东的 47 亿美元的权益资本带来高得离谱的收益。在长期资本管理公司开始运营的第二年，梅里韦瑟为投资者实现了 43% 的投资回报率，接下来一年是 41%。一切似乎都很顺利，直到 1998 年俄罗斯对其国内债务违约，卢布贬值，并在同一周宣布暂停对外国债权人的付款，全世界都为之震惊。这引发了债券市场的恐慌，而长期资本管理公司依赖的利差也因此偏离了预测，导致该公司蒙受了巨大的损失。破产发生时，各家银行借给长期资本管理公司的贷款合计达到了 1 200 亿美元之多，这些银行想拿到更多的抵押品，或者拿回它们的钱，这两种要求都是长期资本管理公司无法满足的。一夜之间，长期资本管理公司徘徊在破产边缘。纽约联邦储备银行开始介入，并召集一些华尔街银行接管长期资本管理公司，而投资者损失了大部分的本金。芒格认为这件事的教训是，聪明人和高杠杆的组合往往会以惨败收场。不过，我可能会反驳说，真正愚蠢的人和高杠杆的结合通常也会以失败告终。

072

回报率

我认识一位很聪明且很有能力的投资经理。我问他："你跟你的机构客户说你可以为他们实现的回报率是多少？"他说："20%。"我不敢相信，因为他明知道这种回报率是不可能达到的。不过，他告诉我："芒格，如果我说一个更低的数字，他们连一分钱也不会交给我管理！"

I know one guy, he's extremely smart and a very capable investor. I asked him, "What returns do you tell your institutional clients you will earn for them?" He said, "20%." I couldn't believe it, because he knows that's impossible. But he said, "Charlie, if I gave them a lower number, they wouldn't give me any money to invest!"

芒格坚信，由管理费驱动的投资管理业务是非常疯狂的，正如他所说的："每个人都想成为投资经理，募集尽可能多的资金，近乎疯狂地在市场上进行交易，然后从投资回报中刮掉一部分作为管理费用。"为什么他们可以如此无所顾忌地用投资者的资金去投资？因为这不是他们自己的资金！假设我是一位对冲基金的投资经理，投资人把自己的资金交给我管理，接着我会利用这笔钱去银行借更多的钱出来。之后，我把管理的资金和借入的资金集合起来下一笔大赌注。如果我在赌博中胜出，投资人会赚一大笔钱，我也会从管理费中得到大量的收入，这是双赢的局面。如果我在赌博中失败，投资人和贷款银行都会因此失去本金，但我不会受牵连。这对于对冲基金来说是一种“伟大”的商业模式，但是这种模式要求它首先要能拿到投资人的资金。此外，它还要能留住投资人的资金。对冲基金通常都不希望投资人撤走资金。那么对冲基金是如何做到这两点的呢？

这里有两条对冲基金募集和留住资金的原则。第一原则：向投资者许诺虚幻的高回报率，否则投资人就不会出钱投资。第二原则：任何谨慎投资的对冲基金都无法长时间留住投资人的资金，因为加杠杆参与赌博式投资的家伙多如牛毛，在赌博中胜出的将会获得更高的回报率。这意味着短期内贪婪的欲望会驱使投资者将资金从谨慎而又表现不佳的对冲基金中撤出，转而投资于在赌博中胜出的高杠杆投资基金。采取谨慎的投资策略不会给对冲基金带来任何经济效益。是的，也许参与高杠杆赌博的基金几年后可能会血本无归，但即便真是如此，你也只会去寻找下一只高收益基金，而让你蒙受亏损的投资经理只会离开并创办下一只基金。你不相信？想想这个实例：1998年，华尔街著名的债券交易员梅里韦瑟创建的长期资本管理公司破产，而一年后他又创建了另一家基金公司——JWM合伙公司。他成功运营这家基金有8年时间，其规模达到了30亿美元。然而，2007—2009年的金融危机让这只基金的规模缩水44%，这使梅里韦瑟不得不关闭这只基金，并于2010年创建了另一家基金公司——JM投资顾问公司。

对冲基金经营模式背后的现实规律促使对冲基金疯狂地加杠杆，然后参与赌博式交易，这也是为什么它们都这么干的原因。然而，不要对此感到绝望，因为疯狂的赌博式投资让芒格这样的投资者发现了许多绝佳的投资机会。

073

风险错配

抵押贷款演变成了一种肮脏的赚钱方式。你们尝试利用完全负担不起信贷的人群的愚蠢，以赚取高额回报。这绝不是我想要的赚钱方式。你们应当通过卖给人们合适的产品的方式来赚钱。

Mortgage lending became a dirty way to make money. You take people that can't handle credit and try to make very high returns by abusing and encouraging their stupidity—that's not the way I want to make money in banking. You should try to make money by selling people things that are good for the customer.

在过去，银行发放的住房抵押贷款会计入其资产负债表内，所以它会对借钱的对象非常谨慎。然而，随着商业模式的改变，银行开始将自己的抵押贷款出售给其他公司，这时候它贷款给谁已经不再重要了，因为它会立刻将新的抵押贷款卖出去。事情慢慢地变为，银行发放的抵押贷款越多，银行就可以赚更多的钱。如果房主违约，那又怎样呢？银行早已经脱离干系了。银行正是靠这种方式将一项无聊的、不怎么赚钱的交易，变为一项让人兴奋的高利润买卖。

074

次级贷款的噩梦

我们正以一种前所未有的方式对美国的房产进行货币化。若问乔怎么买到的新凯迪拉克，他给出的答案肯定是通过抵押自己的房子得到的钱……很多金融机构，包括很知名的金融机构，正在向那些无力偿还借款的人发放高成本的信贷。我觉得其中有很多情况是让人非常厌恶的。显然，一个自由的市场并不一定就意味着它是体面的。

We have monetized houses in this country in a way that's never occurred before. Ask Joe how he bought a new Cadillac—from borrowing on his house…We have financial institutions, including those with big names, extending high-cost credit to the least able people. I find a lot of it revolting. Just because it's a free market doesn't mean it's honorable.

我想这意味着芒格并不属于“请买家当心”俱乐部的成员。不过，在美国，美联储将自己的职能定位在降低失业率上。然而，实现这个目标的策略之一就是想办法让消费者感觉自己很有钱，从而进行更多的消费，以此刺激整体经济，并创造更多的就业机会。美联储将更多的钱交到美国消费者手中的最简单的方法则是，想办法让消费者更容易通过信用卡和他们的住房抵押去借钱。美联储通过降低利率，并放任银行和抵押公司无底线地放松信贷条件，以鼓励人们借贷。这创造了一个经济泡沫，而这个泡沫终将破灭。当经济泡沫破灭之时，股价崩溃，经济衰退，失业率飙升，房主无法偿还他们的贷款，所有这些最终会演变为一场更大的噩梦。

075

危险的衍生品

如果你能玩转衍生品交易，那么就像获得了一张偷盗许可证，这样你就能理解为什么所有人都想参与进来……不过，所有人相互对赌从整体上看有何意义？我年轻时的那几十年里，人们很少参与赌博，我更喜欢那样的世界。我认为那才是对美国更有益的状态。现在，这个世界就像存在着数千名专业的扑克玩家，而他们所作所为到底对其他人有什么好处呢？

If you intelligently trade derivatives it's like a license to steal, so you can understand why they all want to do it... but what is the big plus in having everyone gamble with everyone else? I lived in a world with low gambling for decades when I was younger and I liked it better. I think it was better for the country. It's like having thousands of professional poker players. What damn good are they doing for anybody?

衍生品交易的问题在于，当银行家很容易赚到大把钱的时候，他们很难控制住自己，且往往会越过底线，一步步陷进严重的问题之中。如果情况真的很糟糕，他们甚至可能会摧毁整个金融体系，搅动股票市场，损害国家经济，进而导致数百万人失去工作。

牛津大学金融工程博士保罗·维尔莫特（Paul Wilmott）谈到，全球衍生品市场的名义价值已经达到了 1 200 万亿美元，大约相当于 60 万亿美元的全球经济总量的 20 倍。相比于 2008 年衍生品所导致的金融危机时期，目前衍生品市场的规模已经增长了 20%。那么，美国银行业有多少衍生品风险敞口？请你想想：摩根大通集团的总资产规模为 2 万亿美元，而其衍生品风险敞口却超过了 52.9 万亿美元；花旗银行的总资产为 1.3 万亿美元，而其衍生品风险敞口有 52 万亿美元；美国银行的总资产为 1.6 万亿美元，而其衍生品风险敞口为 26.6 万亿美元；高盛集团的总资产为 0.143 万亿美元，而其衍生品风险敞口却高达 44.4 万亿美元。

如果你是一位银行家，下面你会看到更精彩的部分：1 200 万亿美元规模的衍生品市场复杂得让人眩晕，完全脱离监管，只有银行的交易员操控着整个市场。只要美国政府稍有暗示说要对衍生品交易施加监管，就会有银行的说客涌入华盛顿，试图阻止政府的这一想法。他们警告说，国会的议员们就是衍生品的真正持有人（不是你，也不是我）。好了，衍生品玩得更大了。可以这么说：没有任何一个人，是的，没有任何一个人，包括政界、学界，以及银行家自己，能够真正掌控这个全球最大的金融泡沫所隐藏的风险，我们也已经领教过这种风险的威力了。

076

愚蠢的套利交易

在那些套利交易的游戏中杠杆被大量运用。人们都如此地确信，比我更确信，飞机可以一直租下去。

There's a lot of leverage in those carry-trade games.Other people are more certain than I am that the aircraft can always be leased.

芒格在 2005 年说的这句话很让人深思。仅仅 3 年后，雷曼兄弟和其他几家华尔街投资银行就因为套利交易崩盘而纷纷破产了。套利交易是指先在某一利率水平上融入一笔大额资金，然后用这笔资金购买一项收益率高于自己的融资成本的资产。芒格这句话的意思是，融入资金购买一架飞机，再把飞机以高于融资成本的价格租出去。贷款的利息成本和租金之间的差额就是利润。这个等式唯一的弱点在于，如果租赁飞机的公司违约，不按期支付租金的话，那么这笔需要偿付利息的贷款也将发生违约。

雷曼兄弟和其他几家投资银行破产的原因是，它们当时在短期商业票据市场借入了数十亿美元的资金，接着将资金投资到了 10 ～ 20 年期限的次贷抵押贷款上。在短期商业票据到期时，持有这些票据的资金借出机构（银行）则将债务滚动延期。然而，一件出人意料的事情发生了：次贷抵押贷款开始出现违约，突然间雷曼没能按时收到次贷抵押贷款的利息，这意味着它也没钱还给放贷的银行。当银行知晓这一事实后，就不再同意债务延期，于是雷曼在不到一周内就申请了破产保护。

077

自由市场的闹剧

这些疯狂的热潮应该受到重点关注。然而，艾伦·格林斯潘并不这么想。他是一个有能力的人，但他也是一个具有争议的人，我们根本不应该让他去掌管所有的银行，他心中的英雄是安·兰德。整个自由市场毫无理智可言。很多人认为，就算是一个手持斧子的杀人犯在自由市场里四处杀人，也不会有太大问题。

These crazy booms should be watched. Alan Greenspan didn't think so. He's a capable man but he's an idiot. You should not make him the father of all banking. His hero is Ayn Rand. It's an unlikely place to look for wisdom. A lot of people think that if an ax murderer goes around killing people in a free market it's all right.

从 1987 年至 2006 年，在格林斯潘执掌美联储的近 20 年里，他一直追随着倡导自由市场的俄罗斯作家、哲学家安·兰德，并且完全无视 20 世纪 90 年代后期的互联网泡沫以及 21 世纪初的房地产泡沫。这些行径导致了 2007 年至 2009 年之间的次贷危机，而这场危机几乎摧毁了世界经济。格林斯潘认为政府不应该干预市场，也就是说不要去干扰华尔街的过度行为。让人奇怪的是，每当股市开始出现崩溃，格林斯潘总会非常激进地利用美联储向市场注入资金，从而阻止市场的下滑。

本·伯南克在2006年接替格林斯潘成为美联储主席后，继续让房地产泡沫持续膨胀。当泡沫最终破裂时，伯南克做了和其前任一样的事情：他印了更多的钱，并将它们注入整个经济体中。这样做不仅可以在短期内阻止经济崩溃，还可以压低失业率。在其8年的任期内，美联储印发了超过3万亿美元的货币，并将之投入市场流通中，以刺激经济，而这导致了资产价格膨胀以及股市和房地产市场的再度泡沫化。或者就如纽约洋基队的尤吉·贝拉（Togi Berra）曾经说的："感觉似曾相识，历历在目。"

078

流动性

南海泡沫事件之后，英国取缔了上市公司，只允许成立私人公司。此后它引领了世界100年。适度的流动性是有益的。流动性过多则会败坏人性。如果我这样说，那么我将永远不会获聘终身教授，但我是对的，他们是错的。

After the South Sea Bubble, Britain outlawed public corporations—only private ones allowed. And they led the world for 100 years. A modest amount of liquidity will serve the situation. Too much liquidity will hurt human nature. I would never be tenured if I said that. But I'm right and they are wrong.

南海泡沫事件指的是南海公司事件。这家英国的股份公司成立于1711年，旨在帮助减少英国的国家债务。直到第一次世界大战，英国才通过央行的印钞机实现了赤字融资（deficit financing）。在英国政府向众多议会成员提供了好处后，南海公司最终获得了垄断南美洲贸易的特权。由于其垄断权和涉足利润丰富的政府债务业务的前景，南海公司成了当时最受欢迎的公司，其股价不断上涨，最终远高于公司的内在价值。当收益无法兑现时，其股价崩盘，包括一些贵族在内的许多人都失去了他们的财富。在反思该事件后，英国颁布了《1720 年泡沫法案》(*Bubble Act of 1720*)，禁止成立没有获得皇家特许状的合资股份公司，且获得特许状的公司也不得上市流通。在接下来的 100 年里，英国主导了世界的商贸。该事件使我们对流动性的理解加深了，流动性衡量的是将资产变现的能力。在上述例子中，流动性指的是如何快速出售股票，实现变现。某些股票的活跃程度越高，其流动性就越强。华尔街为衍生品提出的一个说辞就是，衍生品可以增加流动性。然而，它的代价是什么呢？这种代价值得吗？芒格认为不值得。

079

资产升值

在我记忆中有过 5 美分的汉堡包，也有过每小时 40 美分的最低工资标准，因此在一生中，我经历了巨幅的通货膨胀。通货膨胀破坏了我们的投资环境吗？我想不是的。

I remember the $0.05 hamburger and a $0.40-per-hour minimum wage, so I've seen a tremendous amount of inflation in my lifetime. Did it ruin the investment climate? I think not.

随着汉堡包的价格上涨，销售汉堡包的公司的股价也会上涨。通货膨胀提高了商品和资产的价格，并且提高了代表公司资产所有权的股票的价格。通货膨胀是资产持有者的朋友，但同时也是现金或债券持有者的敌人。为什么？当美联储印刷了大量的钞票并将其投放到市场中时，利率就会下降。这会推高股票和房地产等金融资产的价格。然而，美联储印刷更多的钞票也意味着我们手头的现金的购买力下降，也就是说东西越来越贵。50 年前，一个汉堡包卖 40 美分，现在则要卖 7 美元；同样的一栋房子在 1965 年值 5 万美元，现在的售价则高达50万美元。1965年，道琼斯工业平均指数为910点，50年后则涨到了17 000点。如果你一直持有现金，那么它的购买力会越来越低。如果你在1996年买了20年期的债券，并在2016年将它兑现，那么你拿回的现金的购买力将远小于你买债券时所花现金的购买力。

通货膨胀真的是帮了银行业和保险业的大忙。由于当时值5万美元的房屋现在值50万美元，人们不得不从银行多借45万美元，而银行也将因此获得更多的利息收入。同样，财产保险公司也将因我们的投保资产从5万美元变为50万美元而获得更多的保费收入。

在上面的例子中，因为通货膨胀，银行和保险公司的业务收入规模获得了10倍的增长，而且这两种机构都不需要增加员工人数或者扩大经营厂房的规模。现在你知道为什么芒格和巴菲特买了这么多保险公司和银行的股票了吧！这不仅是因为保险公司和银行可以完美地对冲通货膨胀，它们实际上还能从通货膨胀中受益。对于银行和保险公司来说，通货膨胀就是一份持续创收的大礼。

06
国民经济

THE TAO OF
CHARLIE MUNGER

THE TAO OF CHARLIE MUNGER

尽管在自由贸易时代，美国在世界经济体系中的分工可能发生了变化，但保证每个国家持续繁荣的基本原则并没有改变，那就是国民努力工作的程度。美国政府的各种补贴使得美国民众逐渐消除了对失业的恐惧，而正是这种恐惧刺激了美国人过去的奋斗精神。芒格认为，面对世界其他国家不断追赶的步伐，美国要想保住现在的优势，就必须重新给美国民众施加一定的压力，国家是不能靠投票保持繁荣的。

080

财富的来源

韩国的汽车业务是从一无所有起步的。在超过 10 年的时间里，韩国人每周工作 84 小时，这还不包括加班。与此同时，在“虎妈”们的驱使下，每个韩国小孩从学校回家后都要与家教一起从下午到晚上学习整整 4 个小时。当你输给这样一群人时，你还会感到惊讶吗？除非你是一个傻子。

Koreans came up from nothing in the auto business. They worked 84 hours a week with no overtime for more than a decade. At the same time every Korean child came home from grade school, and worked with a tutor for four full hours in the afternoon and the evening, driven by these Tiger Moms. Are you surprised when you lose to people like that? Only if you're a total idiot.

芒格成长于大萧条期间，在这个时期，如果你能找到工作的话，就会不知疲倦地工作，以求能够换取食物。然而，随着时间的推移，美国越来越富裕，其国民也开始变得懒惰。再也没有人愿意每天工作 10 个小时、每周工作 6 天了。不过，韩国人却像我们的祖辈一样，拥有着追求成功的强烈动机。芒格所表达的意思是，在经济全球化的今天，新的赢家将是努力工作的韩国人，而不是昔日成功现在却身形肥胖、打扮时髦的美国人。

081

胡萝卜加大棒

如果要想经济繁荣，我们就必须工作。我们必须让人们受制于“胡萝卜加大棒”的原则。一旦拿掉大棒，整个系统就会停止运行。你不可能通过投票就让自己富裕起来。这是一个愚蠢的想法。

If we're going to prosper, we have to work. We have to have people subject to carrots and sticks. If you take away the stick, the whole system won't work. You can not vote yourself rich. It's an idiotic idea.

本质上，芒格是一位奉行埋头苦干精神的企业家。他认为，国民必须工作：必须种粮食，必须修路、盖房、建厂，必须制造可售的商品……如果人们不工作，他们就会忍饥挨饿、无家可归，这就是“大棒”。过去，不是贪婪驱动着祖辈们努力工作，而是他们害怕落入付不起房租、全家挨饿的窘境。现在，这种恐惧消失了。人们理所应当地认为，失业人群的医疗保障、大学教育、食物和住房都应是免费的。美国人正在失去工作的动力，可能并不是因为他们变懒了，而是因为他们没有了对失业的恐惧。

082

自由贸易

在过去，不受教育的人也能迅速成功，而我认为，美国已经很难回到那个时代了。只要有自由贸易和全球竞争，我们就必须与其他国家持续开展自由贸易。中美两国必须友好往来。如果一个国家打算不跟另一个国家往来，那么它一定是疯了。我认为自由贸易推动了国家之间的往来。

I don't see how we bring back that age where an uneducated man can march ahead rapidly. As long as we have free trade and worldwide competition, and I don't want to stop having free trade with a big nuclear power like China. China and the United States have to get along. Each country would be out of its mind not to get along with the other. I think trade helps us to get along.

美国的工厂不断转移到中国，这在很大程度上标志着美国经济的一个历史阶段的终结：在这个阶段中，一个没有受过教育的人也可以去工厂谋得一份生计。为什么？

第一，没有受过教育的人再也无法在制造业中找到一份像样的工作了；这些工作现在已经转移到了其他地方，比如中国、墨西哥。第二，要想在美国找一份像样的工作，求职者必须接受过良好的教育、有熟练的技能。

083

财富效应

财富效应是人们由于股票价格上涨而扩大消费支出的程度。这当然是存在的，但具体多大程度呢？我在发言中曾说过，我认为财富效应比经济学家想象的还要大，我现在依旧这么认为。

The wealth effect is the extent to which consumer spending is goosed upward due to increases in stock prices. Of course it exists, but to what extent? I made a speech a while back in which I said that the wealth effect is greater than economists believe. I still say this.

如果人们认为自己的房屋和各项投资会增值，他们就愿意消费得更多，这对经济是有好处的。反过来说，如果他们认为自己的房屋和各项投资的价值会下降，那么他们就不会再买东西，这对经济是不利的。这就是财富效应。

美联储前主席本·伯南克在寻求振兴经济和降低失业率的方法时，对这一理论非常痴迷。他用财富效应作为理论支撑，通过不断降低利率使数万亿美元投入市场，并印刷了大量钞票，以弥补政府的财政赤字。这么做的确很有效果，资产的价格开始上涨，人们也感觉自己变得很富有了，于是增加了消费支出，进而刺激了经济，同时降低了失业率。这种方法当然会让全世界的投资者都非常开心。

084

通货膨胀

我认为西方国家很容易发生通货膨胀，因为政客们天然地喜欢花钱。他们有权力印钞，并用钱来获得更多选票。

I think democracies are prone to inflation because politicians will naturally spend—they have the power to print money and will use money to get votes.

让这些印钞机一直印下去吧！美国永远不会拖欠债务的原因之一是，它有权印刷自己所需的美元。这是怎么做到的呢？美联储印刷钞票，然后用这些钞票在公开市场上购买美国国债或其他任何想购买的债券。比方说美国财政部需要 1 000 亿美元来偿还一部分就要到期的美国国债，它只需要发行更多的政府债券，然后由联邦储备银行在公开市场上购买这些债券。通常美联储不喜欢这样做，它宁愿美国政府从其他国家借钱。

希腊、意大利和西班牙的问题是，当它们的货币被统一成欧元时，各国的中央银行实际上放弃了印刷钞票的权力，并且把这种权力转交给了欧洲中央银行。因此，除非欧洲中央银行愿意为它们印刷额外的几千亿欧元，否则希腊、意大利和西班牙都有可能发生债务违约，进而导致世界金融体系的全面崩溃。

085

石油储备

我认为，美国的化石能源储备是我们拥有的最宝贵的东西之一，每一小块都像艾奥瓦州的表土那样珍贵。就像我们不会因为一点钱，就把艾奥瓦州所有的表土出口到伊朗或者其他某个地方一样。我珍爱美国大地中储藏着的化石能源储备。很多人认为应当实现能源独立，并尽我们所能地快速用完这些能源储备，我觉得这样的国家政策是非常疯狂的。

I think the hydrocarbon reserves in the United States are one of the most precious things we have, every bit as precious as the topsoil of Iowa. Just as I don't want to export all the topsoil in Iowa to Iran or someplace, just because they are willing to give us some money, I love the hydrocarbon reserves we have in the ground. The fashion is to be independent and to use them up as fast as we can. I think that's insanity as a national policy.

这里芒格谈论到了美国的石油储备。他认为这些是宝贵的资源，应该被好好储存，因为石油对于美国的经济和安全而言是不可或缺的。化石能源储备既能为汽车、飞机提供燃料，又是生产化肥、面料、塑料和沥青的化工原料。没有石油，美国就会立刻停止运转。芒格认为，实现原油能源供给独立，并竭尽所能地快速用完这些能源储备的政策，是非常疯狂的。因为原油一旦完全耗尽，美国就必须去依靠那些仍然能够生产原油的国家。芒格主张，美国应该保存自己的石油以备不时之需，而在平时则去使用沙特阿拉伯的石油。

086

富豪阶层

有人赚了很多钱，却像个吝啬鬼，对此我并不觉得有什么不妥。大多数人都有花钱的强烈欲望，配偶和孩子都会帮你花钱。

I don't care if somebody makes a lot of money and holds it like a miser. Most people have a vast propensity to spend, helped by spouses and children.

在现实生活中，人们的最大误解之一就是，富人喜欢把他们的金子藏到很深的、黑暗的地下室里。然而，金子放在地下室里不会给任何人带来好处。200年前的富人可能会这样做，但是在现代社会，对于自己赚到的钱，富人们通常会存入银行、购买基金，从而变相把钱借给了有需要的个人、企业，或者他们会把这些钱直接投资到企业中。银行和基金充当了社会资本再分配的角色。

如果他们不把钱借出去，或者投资出去，就赚不到钱，所以他们有强烈的动机进行放贷或者寻找投资项目。这对整个经济、对每个人都是有好处的。然而，如果经济中没有富人，银行和投资基金就无法获得充裕的资金，也就无法为购房、建办公楼、新企业的发展扩建提供融资，无法给当地政府放贷……世界上 1% 的人控制了 39% 的财富，但是这 39% 的财富都存入了各家银行和投资基金，这些银行和投资基金又忙着把这些资金投资到经济中去。

087

企业税

如果让我去管理这个世界，我会征收很少的企业税，而且像消费税一样，努力实现在某种程度上的平等。

If I were running the world, I would have low corporate taxes, and get at the yearning for equality some other way, like consumption taxes.

在自由贸易全球化的今天，企业可以从一个国家自由转移到另一个国家。一个国家过重的企业税负会驱使该国企业转移到税率较低的其他国家。这些企业成功转移到低税率地区后，就会把自己的富余资金存入当地的银行。想知道新加坡和中国香港地区是如何成为亚洲两大金融中心的吗？两地的企业税率很低，从而吸引了资金雄厚的企业迁入当地，而这些企业的富余资本也随之而来，存放到诸如新加坡华侨银行、中银香港等当地银行机构，正是这些资本的再分配造就了新加坡和中国香港地区的经济奇迹。因此，芒格支持利用低税率吸引更多的企业留在美国。

088

会计准则

那些会计领域的标杆人物是在从事一项高尚的职业，然而这帮人也造成了安然事件。

The people who carry the torch in accounting are in a noble profession, yet these people also gave us Enron.

安然公司是一家集能源、大宗商品、运输等业务于一身的巨头集团，2000 年其公布的总收入达到了 1 110 亿美元。《财富》杂志已连续 6 年将安然公司评为“全美最具创新能力的公司”。然而，在 2001 年，安然公司被爆出其最大的创新之一竟然是有计划地进行财务造假。事实上，安然公司一直以来都在不断地将资产负债表上的大量投资损失转嫁到国外的合作伙伴身上，从而实现净盈利。安然公司已经处于无力还债的状态很长时间了，但是在安达信会计师事务所的掩饰下，它在多年中始终在愚弄投资者、银行和公众。当造假事件被揭露时，公司的高层受到了刑事指控，安然公司不得不宣布破产，且整个公司和安达信会计师事务所都受到了指控。最后，安达信被迫清算。整件事情中最难以置信的是，安达信作为全美最顶尖的会计师事务所之一，也成了财务造假的共谋。有时候，真的是“聪明反被聪明误”。

THE TAO OF CHARLIE MUNGER

PART 4

查理·芒格的处世智慧

07

学习能力

THE TAO OF
CHARLIE MUNGER

THE TAO OF CHARLIE MUNGER

各行各业的翘楚往往都是能够保持终身学习的人。通过持续的学习和思考，巴菲特和芒格即使在 90 岁高龄仍在不断进步，并轻松打败了那些认为他们已经落伍的互联网一代。在芒格看来，基于以下 4 点就能提升一个人的学习能力：（1）只有承认自己无知，才能装下新的东西；（2）进步来自一点一滴的积累；（3）广博能够使你更优秀，而专业则让你无法替代；（4）挫折和失败能够转化为一种财富。

089

保持思考和阅读的习惯

这是我生活中的经验，如果能保持思考和阅读的习惯，你就不需要去工作了。

It’s been my experience in life, if you just keep thinking and reading, you don’t have to work.

厌倦了华尔街的那份没完没了的工作？老板让你感到沮丧？衍生品产品将要爆仓，你为此要丢掉自己的高薪职业了。只要保持思考和阅读，你就会没事的。为什么？因为从芒格的角度来看，这就是投资游戏的全部内容：你要多思考，勤阅读。据说芒格每天的阅读量多达600页，包括每天3份报纸和每周阅读几本书。偶尔他会到洛杉矶乡村俱乐部去点一份三明治和一杯可乐。他是一位懂得如何忙中偷闲的人。

090

投资没有单一准则

并不存在通过投资致富的单一准则。你需要了解很多关于商业、人性以及数字的知识，别指望有一个神奇的系统可以为你完成这些工作。

There isn't a single formula. You need to know a lot about business and human nature and the numbers...It is unreasonable to expect that there is a magic system that will do it for you.

人们希望找到一种通过阅读一本书就能变富的简单方法。不过这种情况并不会发生，除非他们真的很幸运。实际上，阅读 100 本商业传记比阅读 100 本投资书更好。为什么？因为如果我们理解了 100 种不同商业模式的历史，那么我们就会明白企业在什么时候会遇到困难，以及他们该如何度过这种困难时期；同时我们也可以了解是什么使他们变得伟大，或者成为他们的失败之源。这让我们能够去感受企业是否具有某种持久的竞争优势，且对于我们判断某家企业是否值得进行长期投资至关重要。

只读商业书籍是不够的，我们还应该多学习一些会计学，这是商业领域的语言。此外，多学习一些经济学，以及一些关于中央银行学的课程，这使我们能更好地了解联邦储备银行在救市方面的作用，大多数 MBA 课程在这方面都很欠缺。在寻找获利机会时，这样做会使我们处在比较有利的位置。不过，为了寻找到一个好的投资标的，我们必须进行更多的阅读，比如每年要阅读两三百份年度报告，每天都阅读《华尔街日报》。

现在你明白为什么大多数人都在寻找一个简单易用的系统了吧。这个方程式的最有趣的地方在于，它会让使用它的人在股市里做一些愚蠢的事情，而股市正是芒格的获利之地。正如巴菲特所说，如果在玩纸牌游戏时，你弄不清楚谁是笨蛋，那么你就是那个笨蛋。

091

最薄弱的环节

这是一所非常棒的大学，但真正伟大的教育家当属麦当劳……我认为麦当劳在很多方面甚至超过了哈佛大学。

This is a nice college, but the really great educator is McDonald's… I think a lot of what goes on there is better than at Harvard.

一条锁链的强度取决于最薄弱的环节，如果最强的环节与最薄弱的环节相链接，那么无论最强的环节有多强，都于事无补。芒格在这里想表达的意思是，麦当劳雇用原本没有良好工作习惯的人，培训他们养成良好的工作习惯，如准时上班、妥善处理与客人之间的关系等，从而保证以得体的礼仪服务顾客，强化了美国文化中最薄弱的环节。麦当劳已经成立 60 多年了，它培养了数百万美国年轻人良好的工作习惯。此外，麦当劳在全球 118 个国家开店，雇用了超过 170 万年轻的人工作，我们可以认为麦当劳同样培养了全世界各地年轻人良好的工作习惯。这是一项了不起的成就，甚至连哈佛大学都望尘莫及。

092

推翻最中意的想法

在过去的任何一年，如果你一次都没有推翻过自己最中意的想法，那么这一年就算浪费了。

Any year that passes in which you don't destroy one of your best loved ideas is a wasted year.

旧的不去，新的不来。这表明我们的思维在不断进化，这意味着我们在思考。芒格想说的是，在任何一年，如果我们没有抛弃过一个自己最喜欢的想法，那么这很可能表明我们并没有充分地去思考和阅读，从而在才智发展上取得一点点的进步。在投资游戏中，抛弃备受自己喜爱的投资观点是很常见的情况。商业世界风云变幻，某些事情在很短的时间内就会发生颠覆性的改变。在短短 70 年的时间里，美国经历了从没有电到全国电气化的转变。这完全摧毁了蜡烛制造、煤气照明以及煤油灯行业，而这些行业在 18 世纪和 19 世纪都诞生过许多伟大的企业。1930 年，美国家庭都还没有电视机，而到了 1960 年，电视机已经成了很普通的家用电器；家庭收音机，相当于20世纪20年代的互联网，也几乎消亡了。2000年，还没有类似维基百科这样的东西，而今天，我们已经离不开它了。维基百科打败的是已经有224年历史的百科全书，出版百科全书在过去可是十分风光的业务。1974年，数码相机还不存在，而如今柯达却被淘汰了。在被淘汰前的100年里，柯达一直是一家非常成功的企业！在商业和投资领域，最好能跟上新发展的步伐，同时每年回顾一下自己最中意的想法，以确保在我们自认为很正确时，不至于犯错。

093

每天进步一点点

每天结束时，努力使自己比早上起床时更加睿智一些。忠诚且出色地履行自己的职责，每天进步一点点。最终，如果足够长寿，大多数人都会获取应得的回报。

Spend each day trying to be a little wiser than you were when you woke up. Discharge your duties faithfully and well. Slug it out one inch at a time, day by day. At the end of the day—if you live long enough—most people get what they deserve.

与龟兔赛跑的寓言一样，这是芒格在生活中保持领先的渐进途径。对那些忘记了这则寓言故事的人来说：跑得飞快的兔子最终输给了速度非常慢但非常坚持的乌龟，乌龟每一次都是慢吞吞地移动一点。芒格在攻读法律专业时，他采用自学的方式每天花费一小时学习房地产开发和股票投资之类的知识。虽然最初进展很缓慢，但是在许多年中他阅读了成千上万册书籍，随后他开始逐渐领会到不同领域的知识是如何相互作用的，同时他还发现，知识可以像货币一样组合在一起，从而让一个人更加了解自己生活的世界。他常常说，比起 50 岁时，90 岁的自己会更懂得投资。他把这归功于自己懂得组合利用各个领域的知识。

094

跨学科应用

在重要的学科领域掌握有价值的想法，并经常加以使用。记住要综合起来使用，而不是仅仅利用其中的某一部分。

Know the big ideas in the big disciplines and use them routinely—all of them, not just a few.

芒格毕业于哈佛大学法学院，并在加州理工学院攻读过气象学，博览心理学、科学、经济学与历史学等学科书籍。他是如何将这些知识运用到投资领域的呢?

如果你了解心理学，你就可以领会到可口可乐这样的产品是如何抓住消费者的心理的，而这将使其成为长期投资的候选对象。

如果你掌握科学知识，你会意识到计算机技术领域的瞬息万变，而或许这并不是长期投资最稳定的环境。

在 2007—2009 年的金融危机时，芒格通过研究央行业务得知，如果美联储接管银行，实际上就等于它成了众银行的所有者，而这将从根本上剥夺所有股东的权益，并使大量投资者逃离银行，从而导致信誉最好的银行都不可能筹集到新的权益资本。他明白，对美联储而言，最安全且最合理的选择路径就是以购买优先股的方式向有问题的银行注资。优先股是资产负债表上以权益形式体现的一种负债，它不会导致股东的所有者权益被稀释。正如我们之前提到的，2008 年，因担心美联储将接管银行，银行股遭受重创。芒格以每股 8.58 美元的价格持续买入富国银行。如今，富国银行的股价稳定在 47 美元附近。如果从未研究美联储的运作模式，他或许也会和大批心惊胆战的投资者一样抛售股票，而不是做成这笔终身难遇的买卖。

095

树立正确的目标

加州理工学院的大部分毕业生都进入了金融行业……他们忽悠那些不如自己聪明的客户，从中挣了很多钱，这是错误的。最优秀的人才投身聚敛钱财的行当，我认为这是一种损失。

A big percentage of Caltech grads are going into finance...They'll make a lot of money by clobbering customers who aren't as smart as them. It's a mistake. I look at this in terms of losses from the diversion of our best talent going into some money-grubbing exercise.

曾几何时，加州理工学院是世界顶尖的理工学院之一，也是美国国家航空航天局喷气推进实验室的所在地。20 世纪 40 年代，芒格曾在那里学习。2010 年，在华尔街对赌博性的金融衍生品进行包装可以挣到很多钱，其诱惑性太大，以至于加州理工学院的教授和学生不再将自己的精力和注意力聚焦于空间技术研发和先进的计算机技术，而是转向了设计各类复杂的数学计量模型，以帮助华尔街投资银行的交易部门赚取更多的金钱。在芒格看来，最优秀、最聪明的年轻人应该致力于解决世界性难题，而非在类似赌场的华尔街寻求更好的办法来赢得赌局。这是在挥霍他们的才华。

096

承认愚蠢

我喜欢能够坦然承认自己很愚蠢的人。我知道，如果正面承认自己的错误，我会表现得更好。这是一个非常棒的学习窍门。

I like people admitting they were complete stupid horses'asses. I know I'll perform better if I rub my nose in my mistakes. This is a wonderful trick to learn.

芒格认为，只有勇于承担失败的责任，并认真地反思失败的原因，我们才能从失败中吸取教训。把失败归咎于其他人，逃避责任，这实际上使我们失去了学习的机会。这也是为什么伯克希尔·哈撒韦公司在每年的年报上都会很明显地列出巴菲特和芒格所犯的投资失误，以及他们从中得到的教训。例如，当初他们认为美国航空公司很值得投资，而后来才发现这笔投资成了棘手的问题。这种“自揭其短”的经验是他们不会在同一个问题上犯第二次错误的重要原因。

097

学会处理错误

一个人从不犯错，就能过上惬意的生活，但这是不切实际的。事实上，生活中的一个窍门就是要学会处理错误。不能够处理好“心理抵触”是许多人最终走向破产的常见原因。

There's no way that you can live an adequate life without many mistakes. In fact, one trick in life is to get so you can handle mistakes. Failure to handle psychological denial is a common way for people to go broke.

犯了错没有关系，这样的话听起来让人觉得很舒服。经历了太长时间的牛市后，芒格在1973—1974年的经济萧条中遭受重创，然而，这使他更出色了。伯克希尔·哈撒韦公司在购买了德克斯特鞋业后遭遇到了许多的问题，这同样成了芒格提升自己的台阶。我们也不要忘记芒格买入所罗门兄弟公司后的那段梦魇：这几乎让伯克希尔·哈撒韦公司付出的7亿美元完全打水漂。后来，在巴尔的摩的孔恩百货公司和美国航空公司身上，伯克希尔·哈撒韦公司再次陷入泥潭。这些都是商业判断上的巨大错误，通常要付出数百万美元的代价。不过，这些错误为大大提升自身投资策略的水平奠定了基础，因此也为伯克希尔·哈撒韦公司带来了数十亿美元的回报。

098

挫折也是机遇

我最认可爱比克泰德看待事情的态度。他认为生活中错失的每一个机会都是锻炼和学习的机遇，你要做的不是沉沦于自我怜悯之中，而是要以建设性的方式利用这些糟糕的打击。这是一个非常正确的观点。

I think the attitude of Epictetus is the best. He thought that every missed chance in life was an opportunity to behave well, every missed chance in life was an opportunity to learn something, and that your duty was not to be submerged in self-pity, but to utilize the terrible blow in constructive fashion. That is a very good idea.

古希腊斯多葛派哲学家爱比克泰德（公元55—135年）早先是罗马皇帝尼禄的大臣家的奴隶。他专攻哲学，并在尼禄过世后恢复了自由身。后来他一直在罗马教授哲学，直到图密善皇帝把所有哲学家从罗马城里赶走，于是他逃回希腊，开创了自己的哲学流派。

爱比克泰德教导说，哲学是一种生活方式：所有的外部事件都是由命运决定的，并且超出了人们的控制范围。然而，作为个体，我们要对自己的行为负责。与“爱比克泰德的命运”等同的金融概念是宏观和微观经济事件，这些事件会影响单个公司及其股价的涨跌。我们如何应对这些事件，以及我们能否从中吸取教训，都是我们自己的责任。

在芒格的投资生涯中，每一次损失都是一次教训。如果他从来没有在纺织业、制造业、服装零售业以及航空业等竞争激烈的行业遇到过麻烦的话，他就不会有能力洞察那些具备垄断能力的企业，如可口可乐或者喜诗糖果等公司；他也永远不会发现政府雇员保险公司这类低成本企业是如何在竞争力方面超过规模更大的竞争对手的。如果他没有经历过1973—1974 年的市场大跌，他就不会有前瞻性的眼光提前储备资金，从而在 2008—2009 年时用来投资美国富国银行。托马斯·爱迪生曾说过：“失败乃成功之母。”虽然芒格没有像爱迪生那样经历过那么多次失败，但他始终坚信早期的失败是其日后成功的源泉。

099

长着两条腿的“书”

在我一生中，我所知道的智者，没有一个不是在无时无刻地学习的。当你知道巴菲特及我的阅读量时，你肯定会感到震惊。我的孩子们嘲笑我，他们认为我其实就是一本长着两条腿的“书”。

In my whole life, I have known no wise people who didn't read all the time—none, zero. You'd be amazed at how much Warren reads—and how much I read. My children laugh at me. They think I'm a book with a couple of legs sticking out.

芒格总是如饥似渴地阅读。小时候，芒格天天泡在奥马哈的公共图书馆，他在那里博览群书，并从书中认识了古今最优秀的知识分子；自 8 岁起，有关杰弗逊和富兰克林的书籍就一直被收纳在他床上方的书架之中。正是阅读让芒格持续领先。

100

学习机器

巴菲特是这个地球上最卓越的“学习机器”之一。65 岁后，巴菲特的投资技能显著提高。纵观他的整个投资生涯，我可以告诉大家，如果巴菲特停留在他早期的知识层面上，那么他就不可能获得现在这样辉煌的成就。

Warren is one of the best learning machines on this earth... Warren's investing skills have markedly increased since he turned 65. Having watched the whole process with Warren, I can report that if he had stopped with what he knew at earlier points, the record would be a pale shadow of what it is.

65 岁以后的巴菲特成了更加出色的投资者，这意味着无论年龄大小，我们每一个人都有希望。当我们达到退休年龄，保持学习需要付出巨大的代价，在投资领域更是如此。还有一点，我注意到那些在各自领域特别出众的人，即使过了退休的年龄，仍然在不断地学习和提升自己。这就像是鲨鱼，它们为了活着，就必须不停地游动，学习是那些人生活中不可缺少的一部分。

101

多领域学习

如果你已经具备心智成熟的人所需的智慧水平，那么你就有能力超过那些比你聪明的人。只要从所有不同的学科领域，而不只是少数几个学科领域中汲取最关键的知识点，你就会比他们聪明得多。

If you have enough sense to become a mental adult yourself, you can run rings around people smarter than you. Just pick up key ideas from all the disciplines,not just a few, and you're immensely wiser than they are.

如果一个人会演奏管弦乐队的所有乐器，那么他就可以创作出一首交响乐，但是如果一个人只会演奏中提琴，即使他是地球上最出色的提琴演奏家，他也只会演奏中提琴。芒格是这样的一个人，他可以讨论达尔文的进化论、古尔德关于达尔文理论的评论、爱因斯坦的统一场论、白芝浩 1873 年关于央行的论述、牛顿和莱布尼茨在微积分方面的发展、史蒂格姆有关货币市场方面的大量著作、马奎斯和杰姆斯关于美国银行的历史著作、奥本海默与泰勒在氢弹发展方面的争论、威尔逊提出的生物社会学理论。在一些特殊的场合，他甚至可以引用马克·吐温和康德的名言。虽然他对20世纪德国电影的表现主义、达达主义或是佳吉列夫的俄罗斯芭蕾舞团等方面并不是很精通，但他懂得如果通过股市在这些方面赚钱，也就弥补了这一遗憾。我还要强调一下，芒格同样懂得生活中一些更重要的事情，如在明尼苏达州的湖里可以钓北美鲥。

102

学习的复利

在生活中，我见识过很多取得很大成就的人。虽然他们既不是最聪明的人，甚至也不是最勤奋的人，但是他们都是很善于学习的人。他们每天晚上入睡时都比起床时变得更智慧，孩子，这一点很重要，尤其在你面临着人生的长跑时。

I constantly see people rise in life who are not the smartest, sometimes not even the most diligent, but they are learning machines. They go to bed every night a little wiser than they were when they got up, and boy, does that help, particularly when you have a long run ahead of you.

持续的学习、持续的提升自我是非常重要的。可以将其视为我们的智力的复利增长；我们努力的时间越长，得到的收获也就越多。这也是投资游戏中最古怪的事情之一，投资者年龄越大，学习的东西越多，也就会变得更优秀。投资领域是很独特的，如果芒格是一位外科医生，那么总会有一天芒格再也无法坚持在手术台前站立 15 个小时。如果他是一名砌砖工，情况也同样如此。然而，作为一名投资者，他所需要的身体素质仅仅是他的视力、清晰的头脑和对数字的理解力。这也是为什么在 90 多岁时，他仍然可以做得很出色，甚至比那些新晋的少壮派做得更好。

103

专业化

极度专业化才是成功之道。比起理解整个世界来说，大多数人更加擅长专攻一个方面。

Extreme specialization is the way to succeed. Most people are way better off specializing than trying to understand the world.

专业是任何物种赖以生存的关键，也是在任何一种行业中取得成功的关键。专业使我们免受竞争。

为什么这么说？因为专业构筑了竞争的准入壁垒，而专业化程度越高，壁垒就越坚固。如果我们所做的事情其他任何人都可以做，那么我们将在与别人的正面竞争中度过一生。不过，如果我们专门研究某件事情并做到精通，这种专业性将使我们与其他人区分开来。我们会把保时捷送到当地可以修理任何轿车的修理工那里吗？当然不会。我们一定会把它送到专营保时捷的门店。虽然它的收费是正常时薪的两倍，但它是“保时捷专家”。同样的现象也适用于医药、法律领域，甚至是手艺行业，比如管道修理和木工活等。专家才能赚大钱，而其他人只能赚小钱。

104

专注的智慧

看看这一代人，他们拥有了电子设备，能够同时处理多项任务，但我仍然可以很自信地断定他们比不上仅专注于阅读的巴菲特。如果你想拥有智慧，就要静下心来阅读。这才是获取智慧的正确途径。

Look at this generation, with all of its electronic devices and multitasking. I will confidently predict less success than Warren, who just focused on reading. If you want wisdom, you'll get it sitting on your ass. That's the way it comes.

阅读个人传记可以让人体验多彩的生活，感悟成功与失败；阅读企业传记可以让人体会商业变迁的历程，同时学会怎样处理和解决问题。芒格和巴菲特对个人传记和企业传记的阅读量极为丰富。我想如果芒格考虑写一部自传，那么自传的书名应该是“我如何通过阅读获得了声望和财富”。

105

换位思考

我们总是在不断地学习、修正和摒弃自己的理念。及时快速放弃自己原有的理念是最宝贵的品质之一。你必须让自己学会换位思考。

We all are learning, modifying, or destroying ideas all the time. Rapid destruction of your ideas when the time is right is one of the most valuable qualities you can acquire. You must force yourself to consider arguments on the other side.

这件事知易行难。人们通常不愿意摒弃自己长期形成的理念。这样做会令人感到不愉快，甚至恐惧，改变通常需要做大量的工作。对芒格和巴菲特来讲，他们所经历的最艰难的“摒弃固有理念”的过程，就是放弃伯克希尔·哈撒韦公司的纺织业务。即使该业务已明显没有前途且不能真正赚钱，他们仍然在坚持。直到该业务开始亏损时，他们才被迫面对现实，将之关闭。另一个案例是芒格和巴菲特投资的巴尔的摩的孔恩百货。他们以便宜的价格收购了这家公司，然而，他们很快就发现这是一笔糟糕透顶的生意。他们花了差不多 3 年时间才找到买家接盘。当你想出售一项投资时，最难处理掉的就是那些非上市公司。从上面的例子可以看出，芒格从来不会停止自己的思考，也不会躺在自己过去的荣誉之上。我们每个人也没有理由不这样做。

106

思维训练

如果你不能比你的对手更好地反驳自己的观点，你就不配拥有这个观点。这是一项重要的思维训练。

It's bad to have an opinion you're proud of if you can't state the arguments for the other side better than your opponents. This is a great mental discipline.

这种思维模式源自芒格早期在法律方面的训练。在法律领域，针对一个案件，如果能够站在双方角度进行分析，那么你就会拥有很大的优势。了解对方的观点论据，可以使律师在案件进入庭审之前做好充分的准备。这个思维模式最有趣的地方是，当明白了对方的观点论据后，我们也许会发现他们是对的，而我们是错的。也可能正是因为这一点，所以很少有人会借鉴芒格在这方面的建议。

107

专家的意见

那些资历比你丰富的人可能会因为动机导致的偏见，或其他类似的心理因素影响他们的认知能力，在这种情况下，你需要有勇气去推翻他们的决定。当然，有些情况下，你不得不承认自己对某些事情缺乏认识，此时最好的方法就是相信专业人士。

You must have the confidence to override people with more credentials than you whose cognition is impaired by incentive-caused bias or some similar psychological force that is obviously present. But there are also cases where you have to recognize that you have no wisdom to add—and that your best course is to trust some expert.

什么是动机导致的偏见呢？芒格喜欢讲一个首席执行官的故事。这位首席执行官一直不能理解，为什么更新、更便宜、设计更佳的新产品的销量无法超越设计老化、价格高的老产品？直到他意识到，老产品的销售佣金高于新产品的佣金，销售人员通过销售老产品可以挣更多的钱。这位首席执行官的解决办法就是提高新产品的销售佣金。芒格认为，无论是在医疗中心、轮胎销售公司、房地产销售公司还是在出售专业设计方案的工程公司，是获得奖金的动机驱使销售人员完成销售任务的。即使销售的不是使客户利益最大化的东西，他们也会努力促成客户的购买。为了避免被别人利用，芒格建议人们需要保持一定程度的怀疑态度和自我教育的习惯。正如剧作家乔治·萧伯纳所说："在各行各业，都是内行欺负外行。"因此，在向专家咨询意见时，为了避免我们深层的偏见，我们需要求教于第二位专家。有时候，更明智的办法是寻求第三位专家的意见，当然，为了安全起见，获得第四位专家的意见也未尝不可。

108

远离狂妄

我总是与某些人保持距离，他们对问题并不真正理解，但回答问题时却信心满满。

I try to get rid of people who always confidently answer questions about which they don't have any real knowledge.

这里的问题关乎信任。如果有些人不敢诚实地承认自己不懂某件事情，别人又怎么能信任他们呢？对这类人，我们最好与之保持距离，并寻找那些在知识方面更加诚实的人。芒格再次表示，与弄明白自己已经掌握哪些东西一样，他对于弄明白自己还不理解哪些东西有同样的兴趣。那些不能区分两者之间的区别的人，其观点毫无价值。

109

多任务的代价

我认为那些同时处理多项任务的人都付出了很大代价。

I think people who multitask pay a huge price.

许多人认为当他们同时处理多项任务时，他们会有超高的生产效率，而芒格认为，如果你没有时间深入思考一些事情，你就为那些能够深入思考的对手留下了打败你的机会。芒格拥有极强的专注力和真正深入思考的能力，而正是这些构成了他在参与华尔街游戏时的竞争优势。

110

克服单一模式的限制

以经济学为例，大多数人都接受了单一模式的培训，试图采用一种方法来解决所有问题。有一句话说："对拿锤子的人来说，看什么都像是钉子。"这种解决问题的方式是愚蠢的。

Most people are trained in one model—economics, for example—and try to solve all problems in one way. You know the saying, "To the man with a hammer, the world looks like a nail." This is a dumb way of handling problems.

一个理论导致了问题的出现，另一个理论试图去解决这个问题，这种现象在经济学领域中尤为明显。以大卫·李嘉图的自由贸易经济理论为例，该理论导致了美国上百万个就业机会流失海外，加速了失业现象。凯恩斯经济学理论主张，失业问题可以通过降低利率和印发货币以刺激经济的办法解决。因此，一方面政府推行自由贸易的经济政策增加了失业，另一方面美联储却推行一系列低利率和增发货币的措施来遏制失业。

111

避免走极端

我认为，极端思想体系会束缚人们的头脑，这一点是必须避免的。

Another thing I think should be avoided is extremely intense ideology because it cabbages up one's mind.

芒格相信年轻人容易受到影响，并常常沉迷于一种思想之中，以至于他们无法思考其他东西，或者看到问题的另一面。激情会使年轻人对任何理性思考路径视而不见。从投资的角度来看，正是在芒格的帮助下，巴菲特才打破了原有思考习惯的枷锁，最终摒弃格雷厄姆所推崇的投资方法，即投资一家价格很便宜的二流公司。随后，巴菲特开始以合理的价格投资一些伟大的公司，并长期持有它们。年长者与充满激情的年轻人一样，也会陷入既有的思想体系之中，从而阻碍他们发现更好的思维方式。这也解释了为何拥有芒格这样的朋友和生意伙伴是一件美好的事情。

08

人生经验

THE TAO OF
CHARLIE MUNGER

THE TAO OF CHARLIE MUNGER

人生很丰富，投资只是其中的一部分，即使对于职业投资人而言，也是如此。婚姻、健康、人际、职业、兴趣……如果人们能够在这些方面处理得当，并充满幸福感，那么这反过来很可能使他们在从事投资或其他工作方面拥有良好的心态。心态不但会影响人们的想法，还会影响人们的行为及决策。芒格已经 90 多岁了，他在生活中始终洋溢着满满的幸福感。听听他的人生经验，一定会让每个人受用终生。

112

让自己配得上

要得到你想要的某样东西，最可靠的办法是让你自己配得上它。

The best way to get a good spouse is to deserve a good spouse.

我认为芒格在这里想表达的是，就内心而言，我们易于得到自己配得上的东西。优秀的人往往会与优秀的人步入婚姻殿堂，而消极的人也往往会遇见与之同样悲观的伴侣。他将这一法则运用到自己的生意场上，使伯克希尔·哈撒韦公司深受众多被收购优秀企业的信赖。他吸引了无数优秀企业家将自己心爱的公司心甘情愿地出售给伯克希尔·哈撒韦公司。物以类聚，人以群分，这个道理在生意场和婚姻方面同样适用。

113

理性

保持理性是一种道德律令。在不该犯傻的时候千万别犯傻。

Being rational is a moral imperative. You should never be stupider than you need to be.

这是芒格对18世纪德国哲学家康德的想法的延伸。康德认为，理性是所有道德的来源。对康德和芒格来说，理性是指克服感性的干扰，遵循逻辑和理智来作出我们的决定（听起来很像芒格在谈论股票投资）。“道德律令”是一种强烈的情感准则，它源自人的内心，并迫使每个人去行动或不去行动；按照康德和芒格的说法，不这样做就会弄巧成拙，从而违背理性。在芒格的世界里，不理性等同于愚蠢。

114

过度消费

莫扎特被疯狂毁掉的一生就是一个很好的例子。由于拥有无与伦比的天赋，所以他取得的成就足以傲视群雄，然而从一开始，他的生活就过得相当悲惨。他的一生都是在入不敷出中度过的，这让他痛苦不堪。

Mozart is a good example of a life ruined by nuttiness. His achievement wasn't diminished—he may well have had the best innate musical talent ever—but from the start, he was pretty miserable. He overspent his income in his entire life—that will make you miserable.

年轻时的芒格并不热衷于花钱，这是他的财富积累的关键因素之一。直到将近 60 岁时，他才买了自己的第一辆新车。在成为百万富翁后很长一段时间里，他就住在一所中上层水平的房子里，节省下来的每一美元都用于投资。过度消费会让我们的生活变得很悲惨，但少花钱和明智的投资将帮助我们在通往财富的道路上加速前进。

115

兴趣是成功的基石

在我不感兴趣的领域，我从未获得过太大的成功。如果你无论如何都不能对某些事情产生兴趣，那么即使你非常聪明，你也很难获得大的成功。

I have never succeeded very much in anything in which I was not very interested. If you can't somehow find yourself very interested in something, I don't think you'll succeed very much, even if you're fairly smart.

芒格经常说，对事业充满激情是成为一名优秀的业务经理的关键因素。对那些对工作充满激情的人来说，业务不再是一份工作，而是他们对生活的挚爱。他们宁愿工作也不愿待在家里。他们像艺术家一样，对自己作品的激情驱动并定义了他们的生活。芒格指出，这个理论适用于我们在生活中所做的任何事情：要想在某些方面取得成功，我们需要对此有着狂热的兴趣，这比与生俱来的智慧更能决定我们能否在自己所做的事情上取得成功。正如乔布斯所说的："工作会占据你生活的大部分时间，而真正能满足你的唯一方式就是，从事你认为很有价值的工作。从事很有价值的工作的唯一途径，就是对自己所做的事充满着热情。"

116

珍惜生活

抵抗衰老的最佳措施就是在老之前好好生活。

The best armor of old age is a well-spent life preceding it.

这让我想起了巴菲特曾经对一群大学生说过的话：“我们应该好好爱护身体，因为它是我们一生中能够驾驶的唯一一辆车。”芒格把巴菲特的这个类比铭记于心，他认为“驾驶自己的身体”越少，磨损会更少，使用寿命也会更长久。因此，他除了在俱乐部打桥牌和看书以外，避免参加任何形式的体育锻炼。我想芒格真正想表达的是，每个人对世界都要保持一颗好奇之心，形成一定的社交圈子，并以一种值得尊敬的方式步入老年，让晚年生活过得既有趣又令人满意。

117

完美的婚姻

在婚姻中，你不应该去寻找具有良好的外貌和性格的伴侣。你需要选择期望值较低的伴侣。

In marriage, you shouldn't look for someone with good looks and character. You look for someone with low expectations.

高期望值的配偶永远不会让你感到满意。为了百依百顺地取悦对方，你的生活将非常凄凉。因此，除非你想与永远都不快乐的伴侣共度一生，否则寻找低期望值的伴侣更为可行。然而，生意场上的情况恰恰相反：如果你降低对员工或者管理团队的期望，他们将永远不会在自己技能和职业上表现出色。为什么在婚姻问题上这一点就行不通呢？因为，婚姻不是一项工作。

118

人生的幸福

有人曾经问过我，在生活中谁对我的个人幸福贡献最大，我说："这很简单，就是我妻子的第一任丈夫。"

They once asked me what one person accounted for most of my personal felicity in life, and I said, "That's easy—that would be my wife's first husband."

强烈的幸福感，这是芒格提及其第二任妻子南希时很聪明的说法，他认为南希给他带来了巨大的幸福感。我认为换种说法就是，南希对幸福的期望值已经被她的第一任丈夫拉得很低。

119

健康

我想吃就吃，没有忌口。我从来没在意过我的健康，也从来没做过任何我不想做的锻炼。如果说我有什么成就的话，那主要是由于我坚持深入思考……而有些人认为通过慢跑或其他运动更能使他们进步，能给他们带来力量。

I eat whatever I want to eat. I have never paid any attention to my health. I've never done any exercise I didn't want to do. If any success has come to me, it came because I insisted on thinking things through...all these people who think they are going to get ahead by jogging or something, more power to them.

现在芒格已经 90 多岁了，并且身心健康，这说明或许这种“思考”的锻炼方式确实有用。他是乡村俱乐部的成员，但是据我们所知，他在那里的大部分时间都是在棋牌室里打桥牌。我想打牌游戏或许也可以算作一种锻炼形式。

120

职业选择

记住职业生涯的三条规则：第一，不要销售你自己都不愿意买的东西；第二，不要为你不尊重和不欣赏的人工作；第三，只和你喜欢的人一起工作。

Three rules for a career: 1. Don't sell anything you wouldn't buy yourself; 2. Don't work for anyone you don't respect and admire; 3. Work only with people you enjoy.

对其他人而言，芒格的职业建议一直都是最好的礼物。为什么我们不该卖那些自己都不会买的东西呢？因为每一本关于销售的书中都说，如果我们自己都不喜欢、不了解或不相信某一产品，那么当我们试图推销时，对我们而言将会是一场灾难。优秀的销售人员永远相信他们的产品，这也是他们成功的秘诀之一。为什么我们不能为那些自己不尊重的人工作呢？因为他们没有什么东西可以教我们，也不能帮助我们提高自己的才智和生活水平。为什么我们不应该和自己不喜欢的人一起工作？因为工作就是我们的生活，而生活充实的衡量标准之一就是享受我们所做的事情，享受和自己欣赏的人一起度过的时光。如果我们在工作中感受到痛苦，即使我们可以赚数百万美元，那也是一种贫穷的生活。

121

人际交往

文明的最高形式就是形成一种充满强烈信任感的无缝网络——不需要什么流程，只是可靠的人彼此信任……在你自己的生活中，你也会同样渴望有这样充满信任的无缝网络。如果你的婚姻协议写了满满 47 页纸，那么我建议你还是不要结婚了。

The highest form that civilization can reach is a seamless web of deserved trust—not much procedure, just totally reliable people correctly trusting one another...In your own life what you want is a seamless web of deserved trust. And if your proposed marriage contract has forty-seven pages, I suggest you not enter.

芒格和巴菲特经常引述 20 世纪奥马哈建筑巨头彼得·基威特的一句话，他曾说过，他希望雇用那些聪明、勤奋、正直的人。不过，在这三点中，正直是最重要的，因为如果一个人不正直，那么另外两种品质，即聪明和勤奋，将使他变得盲目。伯克希尔·哈撒韦公司的文化就是，如果你不信任某个人，你就真的不应该和他一起做生意。在婚姻的话题上，芒格经常说，当遇见对的人时，我们就不会对婚姻感到担忧。我猜一份长达 47 页纸的婚姻协议可能意味着我们仍然没有找到生命中的真爱。

122

与信任的人打交道

噢，与自己信任的人打交道，并让其他人远离你的生活，这种方法很有用。它应该被视为人生指南……聪明的人会避开那些像老鼠药一样的人，毕竟生活中这类人太多了！

Oh, it's just so useful dealing with people you can trust and getting all the others the hell out of your life. It ought to be taught as a catechism...But wise people want to avoid other people who are just total rat poison, and there are a lot of them.

芒格在这里所提倡的哲学思想是，我们需要摒弃那些不值得信赖的朋友和生意伙伴，这句话包含了多重含义。在个人层面，如果一个人不再与其不信任的家庭成员联系，那么大型的家庭聚会可能就会成为陈年往事；在生意场上，不信任自己的员工或者交易对手，可能就会导致情绪焦躁和效率低下，因为信任是确保每一笔业务得以顺利进行的润滑剂。如果你创办了一家货运公司或者经营着一家医院，那么你的管理人员必须相信下属员工能够有效地完成工作，同时相信自己订购的产品和材料能够按时送到。如果做不到这一点，公司就会深陷困境。

123

映像

我喜欢你，皆因你让我想起了自己。谁会不喜欢被他自己的形象凝视呢?

I like you all because you remind me of myself. Who doesn't like his own image staring back at him?

魔法镜的魔力一直是有效的。我们也喜欢你！谢谢你，芒格，感谢这么多年来您分享给我们的这些精彩而又珍贵的知识礼物！

124

正直

记住路易斯·文森蒂的规则："讲实话，你就无须时刻想着自己说过的那些谎言。"

Remember Louis Vincenti's rule: "Tell the truth, and you won't have to remember your lies."

路易斯·文森蒂是一名律师，也是西科公司受人尊敬的前董事长和首席执行官，并且直到77岁才退休。他以精明的生意头脑和直击要害的讲话风格而著称。他秉承实事求是、直接说实话的原则。他被视为正直的化身，并且对芒格和巴菲特都有很大的影响。

125

与人为善

在我还很小的时候，我得到了最好的法律经验。我曾经问过我的父亲，身为律师的他为什么不为其最好的朋友格兰特·麦克费登做事，反而为一个爱吹牛的傻瓜做那么多事。父亲回复道："被你称为吹牛大王的那个人可是一座经常陷入法律纠纷的'富矿'；而麦克费登能迅速地处理问题，同时待人友善，因此很少会遇到法律麻烦。"

The best legal experience I ever got was when I was very young. I asked my father why he did so much work for a big blowhard, an overreaching jerk, rather than for his best friend Grant McFadden. He said, "That man you call a blowhard is a walking bonanza of legal troubles, whereas Grant McFadden, who fixes problems promptly and is nice, hardly generates any legal work at all."

这里有两条教训可以汲取：其一，如果能够迅速地解决问题，并待人友善，我们就不会有太多的法律麻烦；其二，在各行各业中，无论是水暖工、律师、牙医、屋顶修理工还是外科医生，他们的目标客户就是那些有麻烦的人。这也是芒格放弃法律业务的原因之一。

126

赞扬的力量

在得到被心理学家称为强化的力量时，所有人都会工作得更好。如果能持续得到回报，即使巴菲特也会有所反应。请牢记这一点，通过对你身边的人进行正面强化来找寻成功之路。

All human beings work better when they get what psychologists call reinforcement. If you get constant rewards, even if you're Warren Buffett, you'll respond...Learn from this and find out how to prosper by reinforcing the people who are close to you.

获得朋友的秘诀就是要真心地将对方当作朋友来对待；让他人雪中送炭的秘诀就是在他人需要帮助时施以援手，学习的秘诀是能够像老师那样进行讲解。让人脱颖而出的秘诀是不断强化其积极品质。为了非洲援助项目能获得美国国会的支持，著名摇滚音乐家波诺曾向巴菲特寻求过帮助。巴菲特建议道，他不应该去强调这是对非洲人民的怜悯，而是应该更多地赞扬这些政治家的伟大。

127

坚强的意志

当你面对一场难以置信的灾难时，永远不要因为意志崩溃而让一场灾难演变成两场，甚至三场。

You should never, when faced with one unbelievable tragedy, let one tragedy increase into two or three because of a failure of will.

这让我想起了伯克希尔·哈撒韦公司早期的一位股东，他名叫萨姆·弗里德（Sam Fried）。在青少年时期，萨姆依靠纯粹的意志力在恐怖的奥斯维辛集中营中生存了下来。第二次世界大战后，他来到了奥马哈，组建了一个美好的家庭，并开启了一段神奇的商业之旅。他不但成了伯克希尔·哈撒韦的元老股东，而且一路上还用爱心和慷慨使很多人的生活变得更加富足。

128

无意义的虚名

长期来看，伟大文明被超越并最终黯然失色的概率是100%。因此，你应该明白文明是如何走向衰落的。

Over the long term, the eclipse rate of great civilizations being overtaken is 100%. So you know how it's going to end.

9 世纪到 12 世纪时，威尼斯一直是世界的金融和商业中心，即使过去很久，现在的威尼斯仍然是一座很富裕的城市，威尼斯商人也仍然被视为欧洲最成功的企业家和商人群体之一。不再是第一并不意味着你不能在第二的位置上赚很多钱。如果不相信，那么请看看芒格：自 1979 年以来他一直是伯克希尔·哈撒韦公司的第二掌门人，但是他并没有什么不体面的。

129

抱怨解决不了问题

生活总是以某种方式伤害某人，又以某种方式帮助他人。面对生活中的打击，每个人都应该积极应对。男子汉就应该这样，坦然地面对生活中的不如意。别总是抱怨，也别指望靠抱怨来解决问题。

Life is always going to hurt some people in some ways and help others. There should be more willingness to take the blows of life as they fall. That's what manhood is, taking life as it falls. Not whining all the time and trying to fix it by whining.

美国知名的西部片演员约翰·韦恩（John Wayne）在一部电影中曾说道："儿子，我从不关心那些半途而废的人。"同样，我想芒格也不会。

130

无压力的生活

随着年龄的增长，我变得越来越富有经验。我好像这样一个人：他从摩天大楼往下跳，在下降到第五层楼的时候说："到目前为止，这是一段不错的旅程。"

I'm getting more experienced at aging. I'm like the man who jumped off the skyscraper and at the 5th floor on the way down says, "So far this is not a bad ride."

芒格从来没有进行过前列腺检查，或者前列腺特异性抗原（PSA）测试，因为他不想知道自己是否患有前列腺癌。他认为，既然大多数男人最终都会有前列腺问题，那又何必担心呢？同样，我们也不必担心加利福尼亚州的地震。芒格从不会担心那些不可避免的事情。因此，芒格在生活中很少感受到压力，而这可能也是其在 93 岁时依然充满活力的原因吧。

131

财富的诅咒

如果你已经投资巴菲特有 40 年了，那么即便他对你已经不再有用了，你也没有抱怨的权力。

If you get Warren Buffett for 40 years and the bastard finally dies on you, you don't really have a right to complain.

这是芒格谈论伯克希尔·哈撒韦公司的少数股东时的讲话。由于芒格和巴菲特年事已高，所以这些人认为靠他们二人的才华获得收益的日子正在接近尾声，并产生了恐慌情绪。在芒格和巴菲特时期，伯克希尔·哈撒韦公司的大量股东变成了百万富豪，部分股东甚至变成了亿万富翁。伯克希尔·哈撒韦公司的业绩表现远超任何人的想象，然而还是有人对现有生活赋予他们的一切感到不满意。即使他们已经拥有数亿美元的财富，他们仍然对此抱怨不断，直到终老。弗朗西斯·培根是英国 16—17 世纪的哲学家、科学家和政治家，他注意到了一个非常类似的现象：对某些人来讲，他们越是富有，其生活越是悲惨。也就是说，对他们而言，与其说财富是一种幸事，不如说是一种诅咒。

132

克制荒唐欲望

如果你担心通货膨胀，又不需要太多的物品，那么最有效的保护措施之一就是，在生活中你不能有太多荒唐的需求。

One of the great defenses—if you're worried about inflation—is not to have a lot of silly needs in your life—if you don't need a lot of material goods.

芒格和巴菲特都一直生活在中产阶层的住宅区中，而且他们在大多数时间里都开着老款轿车出行。这是为什么呢？显然，将开销保持在很低的水平，就可以使他们能积累大量现金用于投资。这样做他们能规避通货膨胀的风险吗？如果你不需要某些东西，你就不需要买它，那么谁会管它是否会涨价呢？你真以为芒格会因为一款法拉利的价格不断上涨而失眠吗？

133

做一个愚蠢的乐观主义者

花费时间去担忧无法处理的事情是没用的。如果你在管理资金时总是感到会有可怕的事情发生，那么我建议，你在余生中可以选择做一个愚蠢的乐观主义者。

I don't think it's terribly constructive to spend your time worrying about things you can't fix. As long as when you are managing your money you recognize that a terrible thing is going to happen, in the rest of your life you can be a foolish optimist.

正如我们之前说过的，在金融世界里，糟糕的事情平均每 8 ～ 10 年就会发生一次。为什么会这样？主要原因是高杠杆率的银行体系。虽然当价格上涨时，高杠杆能帮你获得巨大的收益，但是当价格下跌时，你的损失同样巨大。还有很多其他事件可以导致股票市场崩盘，我们唯一可以确定的是，正向的、积极的思考在投资决策中没有立足之地。正如芒格所说，就像担心即将到来的地震会毁灭洛杉矶一样，这纯粹是在浪费时间。

134

羡慕

嗯，羡慕和妒忌是十诫中的两诫吗？对于抚养过孩子、办过学校、经营过一家律师事务所或投资银行的人来说，你们知道羡慕意味着什么吗？我曾听巴菲特说起过很多次："推动世界前进的不是贪婪，而是羡慕。"

Well, envy and jealousy made, what, two out of the Ten Commandments? Those of you who have raised children you know about envy, or tried to run a law firm or investment bank or even a faculty? I've heard Warren say a half a dozen times, "It's not greed that drives the world, but envy."

大家对《七宗罪》并不陌生，我敢保证羡慕和妒忌是最让人不快的。在一个人通向灾难性的自我放纵之路上，愤怒、贪婪、懒惰、暴食和淫欲，特别是淫欲，都可以带来很多快乐；然而，羡慕和妒忌，即使只有一点点，也会让人苦不堪言。然而，如果芒格和巴菲特的观点是正确的，羡慕真的可以推动这个世界前进，那就难怪这个世界会有那么多人不快乐了。

135

别自欺欺人

密歇根音乐学院的肯达尔院长告诉过我一则故事。肯达尔小时候曾负责经营一个糖果小摊。其父亲看到他吃了摊子上的一块糖。肯达尔说：“您别担心，我会再新添一块的。”其父亲说：“这种思维方式会毁了你。如果每次你把自己想要的东西全都拿走，并直接承认自己是贼，这对你来说可能会更好。”

Dean Kendall of the University of Michigan music school once told me a story: When I was a little boy, I was put in charge of a little retail operation that included candy. My father saw me take a piece of candy and eat it. I said, “Don't worry. I intend to replace it.” My father said, “That sort of thinking will ruin your mind. It will be much better for you if you take all you want and call yourself a thief every time you do it.”

法国哲学家让－保罗·萨特将对自己撒谎视为一种“不守信用”的行为，因为它否定了“事实”，这不仅会毁了个人的道德品质，同样也会毁了我们所生活的社会。为什么与社会有关呢？20世纪40年代，萨特曾在巴黎弥漫着烟味的咖啡店中说道："我们无法在一半实话、一半谎言的温床中成功地建立文明社会。"芒格这段话的意思是，人们用于掩盖拙劣行为的小谎言通常会逐渐演变成更大的谎言，那时不仅会给他们自己的生活带来恶果，同样也会给其他人的生活带来麻烦。2007—2009年，正是由于华尔街那群邪恶之人"不守信用"的行为，让全球经济几乎毁掉了。

未来，属于终身学习者

我们正在亲历前所未有的变革——互联网改变了信息传递的方式，指数级技术快速发展并颠覆商业世界，人工智能正在侵占越来越多的人类领地。

面对这些变化，我们需要问自己：未来需要什么样的人才？

答案是，成为终身学习者。终身学习意味着具备全面的知识结构、强大的逻辑思考能力和敏锐的感知力。这是一套能够在不断变化中随时重建、更新认知体系的能力。阅读，无疑是帮助我们整合这些能力的最佳途径。

在充满不确定性的时代，答案并不总是简单地出现在书本之中。“读万卷书”不仅要亲自阅读、广泛阅读，也需要我们深入探索好书的内部世界，让知识不再局限于书本之中。

湛庐阅读 App：与最聪明的人共同进化

我们现在推出全新的湛庐阅读 App，它将成为您在书本之外，践行终身学习的场所。

- 不用考虑“读什么”。这里汇集了湛庐所有纸质书、电子书、有声书和各种阅读服务。
- 可以学习“怎么读”。我们提供包括课程、精读班和讲书在内的全方位阅读解决方案。
- 谁来领读？您能最先了解到作者、译者、专家等大咖的前沿洞见，他们是高质量思想的源泉。
- 与谁共读？您将加入优秀的读者和终身学习者的行列，他们对阅读和学习具有持久的热情和源源不断的动力。

在湛庐阅读 App 首页，编辑为您精选了经典书目和优质音视频内容，每天早、中、晚更新，满足您不间断的阅读需求。

【特别专题】【主题书单】【人物特写】等原创专栏，提供专业、深度的解读和选书参考，回应社会议题，是您了解湛庐近千位重要作者思想的独家渠道。

在每本图书的详情页，您将通过深度导读栏目【专家视点】【深度访谈】和【书评】读懂、读透一本好书。

通过这个不设限的学习平台，您在任何时间、任何地点都能获得有价值的思想，并通过阅读实现终身学习。我们邀您共建一个与最聪明的人共同进化的社区，使其成为先进思想交汇的聚集地，这正是我们的使命和价值所在。

北京市版权局著作权合同登记号 图字：01-2023-4314

图书在版编目（CIP）数据

查理·芒格的投资思想 /（美）戴维·克拉克（David Clark）著；巴曙松，陈剑译．-- 北京：中国财政经济出版社，2023.10

书名原文：The Tao of Charlie Munger

ISBN 978-7-5223-2485-2

Ⅰ．①查… Ⅱ．①戴… ②巴… ③陈… Ⅲ．①查理·芒格－投资－经验 Ⅳ．① F837.124.8

中国国家版本馆 CIP 数据核字（2023）第 173412 号

责任编辑：罗亚洪　　责任校对：胡永立
封面设计：ablackcover.com　　责任印制：张　健

查理·芒格的投资思想
CHALI MANGGE DE TOUZI SIXIANG

中国财政经济出版社 出版
URL：http://www.cfeph.cn
E-mail:cfeph@cfemg.cn
（版权所有 翻印必究）
社址：北京市海淀区阜成路甲 28 号　邮政编码：100142
营销中心电话：010-88191522
天猫网店：中国财政经济出版社旗舰店
网址：https：//zgczjjcbs.tmall.com
唐山富达印务有限公司印装　各地新华书店经销
成品尺寸：147mm×210mm　32 开　8.625 印张　139 000 字
2023 年 10 月第 1 版　2023 年 10 月河北第 1 次印刷
定价：99.90 元
ISBN 978-7-5223-2485-2
（图书出现印装问题，本社负责调换，电话：010-88190548）
本社图书质量投诉电话：010-88190744
打击盗版举报热线：010-88191661　QQ：2242791300

湛庐CHEERS

出品人 韩 焱 陈晓晖

特约策划 董 寰 吴 婕

特约编辑 吴 婕

版式设计 湛庐文化

封面设计 ablackcover.com

投稿方式 publishing@cheerspublishing.com

营销合作 marketing@cheerspublishing.com

商务合作 BD@cheerspublishing.com

数字产品合作 learning@cheerspublishing.com

销售咨询 sales@cheerspublishing.com

010 5667 6359

法律顾问 北京市盈科律师事务所

崔 爽 律师

添加企业微信，
专属客服随时为您服务

中国财政经济出版社

请用
微信“扫一扫”

微信公众号

请用
手机天猫 App
“扫一扫”

天猫旗舰店